U0635169

国家出版基金项目
NATIONAL PUBLICATION FOUNDATION

中国人的美德

ZHONGGUORENDEMEIDE

焦国成 ◎ 主编

王乐 ◎ 编著

经历数千年传承、融汇时代精神的美德，是中国人思想道德的灵魂，是构筑中国人时代精神的血脉，更是中华民族伟大复兴的根基。

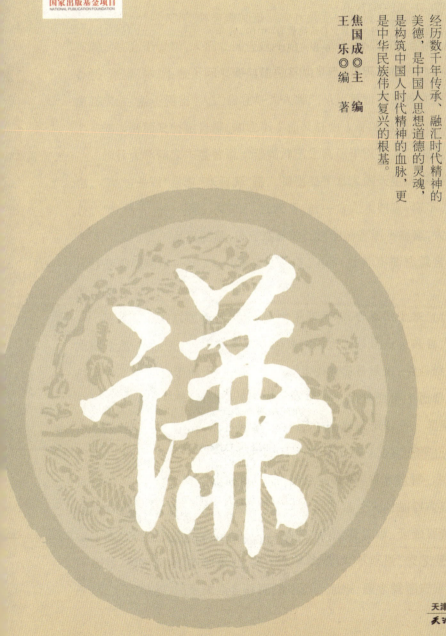

谦

天津出版传媒集团

天津人民出版社

图书在版编目(CIP)数据

谦 / 工乐编著. -- 天津：天津人民出版社，
2013.7

（中国人的美德 / 焦国成）

ISBN 978-7-201-08279-0

Ⅰ.①谦… Ⅱ.①王… Ⅲ.①品德教育–中国–青年
读物②品德教育–中国–少年读物 Ⅳ.①D432.62

中国版本图书馆 CIP 数据核字(2013)第 171546 号

天津人民出版社出版

出版人：黄　沛

（天津市西康路 35 号　邮政编码：300051）

邮购部电话：（022）23332469

网址：http://www.tjrmcbs.com

电子信箱：tjrmcbs@126.com

三河市同力印刷装订厂印刷

2013 年 7 月第 1 版　2013 年 7 月第 1 次印刷

787×1092 毫米　16 开本　10 印张　1 插页

字数：100 千字

定　价：29.80 元

/ 编委会 /

名誉主编：罗国杰

主　　编：焦国成

编　者

（以姓氏笔画为序）

王　乐	王　易	王　颖	王文东
左　思	龙　倩	史尚宏	朱辉宇
刘余莉	刘晓津	刘喜珍	安练练
安晋军	李莉莉	李晓霞	吴锻霞
吴瑾菁	辛丽丽	张旭晴	张溢木
金香花	周春玲	姜文明	袁　园
徐佳佳	徐　晶	郭　伟	郭　宏
郭清香	黄　沛	彭思雅	韩睿思
揭　芳	雷学敏	詹黛尔	谭智秀
霍国栋	薄翠香		

　　"美德"是什么？在有些人看来,就是埋头傻干而不计报酬多少,与人交往而甘愿事事吃亏,不考虑个人得失而时时奉献,因此,"美德"不过是忽悠傻瓜的招数,"高尚"无非是中招儿的蠢人才会去追求的做人境界。在这些"智者"的眼里,只有名利权位、声色犬马才是值得去追求的,而"美德"则不值一文。这种想法让我们想到了丛林中的狐狸和狼。那些"智者"的智慧,也不过是丛林之中狐狸和狼的智慧。对狐狸和狼来说,甚至对只图利益的小人来说,美德确实什么都不是。但是我们到底是要把市场经济下的社会建设成一个美好的人类世界,还是要把它变成一个绿色丛林?丛林之中,没有谁永远都是强者,即使老虎、狮子也不例外。当那些信奉丛林规则的"智者"成为"更智者"爪下的一块肉时,他的智慧又在哪里?

　　孟子说:"得道者多助,失道者寡助。寡助之至,亲戚畔之;多助之至,天下顺之。"(《孟子·公孙丑下》)利己主义者的智慧是一种小聪明，虽然可以暂时得利，但这种利总是有"害"相跟随。因为占了别人的便宜，固然可以一时得意，但当被千夫所指的时候，他的得意也就不在了。前乐而后苦、开始得意而日后途穷的智慧，无论如何也不能说是一种高妙的智慧。真正的赢家应该是淡泊名利、以德服人的人。

在有美德的人看来，有损美德的利益不是一种利，反而是一种害。正如孔子所说："不义而富且贵，于我如浮云。"（《论语·述而》）避开了不符合道义的利益，同时也就避开了它可能导致的害。俗语也说："为人不做亏心事，半夜敲门心不惊。"具有美德的人，善于约束自己，仰不愧于天，俯不怍于人，心里坦坦荡荡，安宁舒畅。能使自己愉悦幸福一生的，莫过于美德。代代相传的"富润屋，德润身"箴言，是以往高贤大德的切身体验，绝非忽悠人的虚言。

有美德的人讲仁讲义，乐于助人，乐于成人之美，这有助于消融人与人之间的冷漠和对立，增进人与人之间的和谐与合作。团结就是力量，合作强于孤军作战。人之所以能够胜过万物，就在于人与人之间能够合作。

美德是立于不败之地的精神力量。有美德的人，是在爱人中爱己，在利人中利己，在使众人快乐中获得自己的快乐。因为他行事以德，故服人不靠威势武力；因为他爱人利人，故能把自己与大众连为一体。因此，孟子才说"仁者无敌"。

美德是可以惠及整个社会和子孙万代的精神财富。孔子曾经提出过"惠而不费"的君子智慧。在他看来，"因民所利而利之"的德政是惠而不费的。如果我们能把孔子的思想发挥一下，使美德真正成为每一个人的操守，社会将变得更加美好。做父母的有慈的美德，天下的儿童就都幸福了；做子女的有孝的美德，天下的老人就都幸福了。同样，每个社会位置上的人都有美德，天下就会是一个大道流行、人人幸福的世界。这就是真正的"惠而不费"。

新中国成立已有六十余年，改革开放已经三十余年，我国的社会主义建设取得了令世界瞩目和赞叹的成就，中国人民过上了小康的幸福生活。然而中国社会的道德风气却不尽如人意：急功近利的追求、冷漠的处世态度、庸俗的休闲生活，已经成为许多人的生活写照。腐败现象屡禁不止，法纪的权威性受到挑战，潜规则大行其道，假冒伪劣层出不穷，这已经是伴随市场经济的发展而出现的司空见惯的社会现象。道德的沙漠化现象开始初露端倪。因此，道德文明的建设已经显得比任何时候都更加迫切。

历经数千年传承、融汇时代精神的美德，是中国人思想道德的灵魂，是构筑中国人时代精神的血脉，更是中华民族伟大复兴的根基。

为了弘扬美德，我们组编了《中国人的美德》丛书。丛书针对市场上缺少入情、入理、入心的道德教育读物的现状，专门为广大未成年人精心打造。要改善社会的道德风气，提高社会的道德水平，就要有好的读物。本丛书力求适应这一社会需求，将中华民族的传统美德、优秀的革命道德和时代精神完美融合，将传统精神和时代精神、文化继承和文化创新有机结合起来，力求凸显社会主义道德的中国特色和民族道德传统的历史延续性；在保证其通俗性、可读性的同时，力求有一定的创新性。如果此套丛书能够激发起广大未成年人对中国人的美德的兴趣和向往，我们将感到无上的荣幸和欣慰！

焦国成

2013 年 6 月于北京

中　国　人　的　美　德

Mulu/目录/

第一辑

解析篇

JIEXIPIAN

谦

　　谦是中华民族的传统美德。

　　世上凡是有真才实学的人，凡是真正的伟人俊杰，无一不是虚怀若谷、谦虚谨慎的人。"满招损，谦受益"是人们耳熟能详、广为传诵的名言警句，它的意思是，骄傲自大的人会惹祸上身，而谦虚谨慎的人却能得到益处。谦虚是一种高尚的思想道德修养，是一种较高的精神境界，由虚心好学的人生态度和永不自满的进取精神两个方面组成。

"谦"的字义及历史演变

　　《现代汉语词典》将"谦虚"定义为："虚心,不自满,肯接受批评。"即承认自己在某方面甚至是诸多方面,或者是才或者是德等等仍有差距和可以努力的地方。总的来说,谦虚不外乎就是不夸大自己的能力、不满足于自己的现状、不以自己为高明。它的同义词有谦恭、谦逊等,反义词有骄傲、自满等。

　　从字义上看,谦字,从言,从兼。在古代汉语中,含有"兼"声的字,多有薄小而不足挂齿的含义,而"言"指的是心声。"谦"字合"兼""言"二字之义,指的是用言语表达自己内心的时候不自足、不自满,言外之意,就是要屈己尊人。此外,"兼"从字形看,还有两者相合而为一的含义。故"谦"字内含着尊重他人而自我谦让,以便使得自己与他人和谐互存的"谦让""谦和"的深意。另外,"谦"作为美德,必须掌握分寸,我们应当提倡的是真诚的"谦",而要避免虚伪的"谦";提倡有度的"谦",而避免过度的"谦"。

西周前的"谦敬"

　　目前为止,《尚书·大禹谟》的"满招损,谦受益,时乃天道"之说,被认为是最早出现"谦"字的古典文献。"谦"在此处就是指谦虚。"谦"字的产生有其客观历史依据,它是古人观察天象和大自然的规律所体悟的。在古人的眼中,"天"是宇宙之主宰,它生有万物,运载万物,却不为功自居,也不居功自傲。相反,"天"十分"谦虚谨慎",它通过将其自身的谦虚美德分散在一个个的自然现象中来以身示范。我们常常看到越是成熟的麦穗,麦秆弯得越厉害,而把头昂得高高的麦穗,不是未成熟,就是没有结果实。于是,就有了这样的俗语:"愈成熟的麦穗,愈懂得弯腰。"

众所周知,在中国历史上,老子是位极讲究谦卑的思想家,他的老师常枞临终这样问老子:"你看看我的舌头还在不?我的牙齿又剩几颗呢?"老子看了看,回答道:"您的舌头当然还在,只是您的牙齿都没有了。"常枞是要告诉老子一个道理:"恰恰是柔软谦卑的舌头比坚硬自大的牙齿更长存。"

黑夜白昼、月亮盈亏圆缺、寒来暑往,都是自然界谦卑的一种表现。如此说来,"满招损,谦受益"其实就是自然和社会中万物运动、发展的基本规律之一。人道之"谦"在此时主要表现为对天道之"谦"的一种客观描述。如果一个人不懂得谦虚,只是一味地骄傲自满,会导致什么样的后果呢?《尚书·仲虺之诰》说:"志自满,九族乃离。"意思就是,一个自满自大的人,连他的至亲都会离他而去。《尚书·毕命》也说:"骄淫矜侉,将由恶终。"意思是,狂傲不羁的人,终究得不到善果。《左传》中也有关于骄者必败的告诫:"骄而不亡者,未之有也。"意思是说,骄傲的人必定会失败。于是,上古的人们往往出于对天和天道的敬畏而心存"谦敬",侧重的是内心的恭顺谨慎以及个人的福祸与谦虚(或者骄傲)的关系。

西周后，从"谦敬"向"谦让"的过渡

随着社会的发展，人们对"满招损，谦受益"的认识更加深刻。在当时的思想家看来，这个规律不仅仅限于单个的人，而且还体现在社会生活的方方面面，做人、为学、处世、治国概莫能外。于是，"谦"从天道之"谦"成为人道之"谦"，成为人们处理人与人之间关系的准则。这时，"谦"的主要含义有：不自满、有而不居、功成身退等等。人们为了和谐人际关系而彼此"谦让"，强调言行上的礼让、退让。

一方面，人们对"谦"的含义认识更加深刻。例如，儒家经典《周易》六十四卦中的"谦卦"，专门讲述的就是"谦"在为人处世等各个方面的具体要求。《周易·谦》卦，将"谦"的内涵分为三个层面："鸣谦""劳谦"和"㧑（huī）谦"。所谓"鸣谦"，就是指有声名而不自满，一个人有了声名之后，应当更加谦虚才是，不能骄傲自大。所谓"劳谦"，就是指有功劳而不骄傲，一个人有了功劳之后，应当更加谦虚，决不能居功自傲。所谓"㧑谦"，就是指对他人有惠泽而不炫耀、不自诩，只有这样"位高"而又"谦虚"的人，他的德行才能日益尊大，人格才会日益光辉。

道家著名的思想家老子也说过类似的话："不自见故明，不自是故彰，不自伐故有功，不自矜故长。"意思是说，不自我表现的人，反而能够显现自己；不自以为是的人，反而能够突出自己；不自我夸耀的人，反而能够取得成功；不自满自负的人，反而能够有所长进。这句话是要告诫人们自高自大、自以为是反而会适得其反，只有谦虚谨慎的人才能取得最终的成功。

另一方面，人们开始将"谦"拓展为与人相处的一项基本原则。孔子曾说过"三人行，必有我师焉"，表达的是一种极为谦虚的求学态度。在孔子看来，人们之间应该不论学识深浅都要相互学习，要心怀"谦虚"地"不耻下问"，要向地位不如自己、学识不如自己的人虚心求教。孟子提出"人之患在好为人师"，从反面批判那种在治学上一知半解而又骄傲自满、知之不多而又好为人师的毛病。

宋代大学问家朱熹曾说："谦则抑己之高而卑以下人，便是平也。"他这是以"自卑"来解释"谦"，提出要平息人的天生的傲慢之心。"池沼下，故一隅之水归之；江汉下，故一方之水归之；海下，故天下之水归之。"意思就是，像自然界的江河能够容纳小溪流，大海能够容纳江河水一样，人也要懂得谦虚、包容，才能不断成就自己的美德。

明代著名的思想家王阳明认为"千罪百恶，皆从傲上来"（《王阳明全集·文录五·书正宪扇》）。因为骄傲之人必定会自高自大，必定会不肯听从于他人，所以，如果做儿子的很是傲慢，就必然不会懂得去孝顺父母；如果做弟弟的很是傲慢，就必然不会懂得尊敬兄长；如果做臣子的很是傲慢，就必然不会忠诚于君王。相反，"'傲'之反为'谦'"。王阳明理解的"谦"不仅仅是外表言行举止上的谦逊，还必须是发自内心的、真心诚意的恭敬，只有这样，才能经常自我反省、自我克制，不断发现自己的不足并及时加以改正。如果人人都能做到这点的话，就会"为子而谦，斯能孝；为弟而谦，斯能弟；为臣而谦，斯能忠"。每个人都能谦虚、不骄傲，家家父慈子孝、兄友弟恭，民风就会自然而然地淳朴起来，国家就能安定下来，不断地向前发展。所以，王阳明在《传习录》中写道："谦者众善之基，傲者众恶之魁。"谦虚是一切道德的基础，而骄傲却是一切不道德的根源。

总之，到了这个时期，谦虚已经具有两方面的内容：一是对待自己的态度，二是对待别人的态度。简言之，一是谦敬，二是谦让。

近代以来对封建"谦"道的批判及现代转化

近代以来对传统文化的批判继承当中，人们加深了对封建"谦"道的认识："谦"字绝非盲目地一味屈服、谦让。人们开始从中庸之道来考察"谦"，认为"谦"有两个极端：一个是骄傲，一个是虚伪，两者同样都是不可取的。同时，这时的思想家们更加强调"谦"的价值，强调"谦"对成功的重要意义。

在古代社会，人们很长一段时间都停留在某个误区里去理解"谦虚"，以为谦虚就是把"自己想得很糟"，或者是把谦虚看成是"避免别人认为自己骄傲"的手段。常常听到一个人询问另一个人问题的时候，回答的人明明对问题很有把握，但是，还是总会有意无意地说，我不行啊，我不懂啊，您过奖啦，我也没有把握呀等等。这些措辞其实都含有"把自己想得很糟""避免别人说自己骄傲"的成分，似乎不这样，就是不谦虚了，因为自己明明知道，不这么虚应故事地谦虚一下，很可能就会被别人扣上一顶高傲的帽子。受到这种"伪谦虚"的劣根性影响，谦虚反而丧失了其最本真的品德——进取和挑战精神。这种思想深深地影响着中国人的国民性，直到今天我们还能发现自己和周围的人会有类似的思想和行为。

近代以来，一大批受到西方思想影响的思想家们对传统美德谦虚进行了彻底的批判。不错，中国人的谦虚是有过了头的地方，以至于直到今天，这些过头之处还对中国人的思想、生活有着各种影响。有位在美国执教多年的华裔教授反复比较美国中学生和中国中学生之后发现：在探索和创新等方面的课程上，中国学生不如美国学生，他们不敢在老师面前展现自己的风采，甚至不敢在课堂上回答自己很有把握的问题；讨论问题时，往往循规蹈矩、勇气不足，看老师眼色行事，处处怕表明自己的真实想法。这些无疑都是过头的"谦"给我们民族所造成的不良影响。这种过了头的"谦"是我们要批判的。但是，这仍然不代表我们要批判一切"谦"，我们同样也要肯定适度的谦虚所产生的正面影响。

"谦"的规范

"谦"之古今通义

中国的传统价值强调自我克制、顾全大局、人境融合。想要人与人之间的关系和谐，人们就必须要相互礼让、保持低调，对个人而言，就是要含蓄地展现自我，这些其实都是"谦"德的内在道德要求。作为中华民族的重要美德之一，谦虚在当今这个处处讲求竞争的现代社会中似乎越来越受到人们的质疑。但是，不可否认的是，谦虚作为一种胸怀和风度、一种修养和美德、一种眼界和智慧，在现实生活中日益凸显出积极的价值。可以说，谦虚不仅仅是中华民族的传统美德，更是中国现代化发展的基石，我们应该继承和发扬"谦"德。继承和发扬"谦"，在实质上就是找到传统"谦"与当今社会生活中应有之"谦"的相通含义，即通义。这一通义，我们认为，就是谦虚谨慎。

"谦虚谨慎"的现实内涵

（1）谦诚待人，勿自欺

真诚是"谦"的第一准则。这个准则包含两个方面的内容：一是做人要虚怀若谷，二是做人要真诚地谦虚。

做到为人谦诚、宽厚待人、胸襟开阔，善于听取不同意见，自觉做到有骨气而无傲气，有正气而不霸气。正如下面这些对联所说：

"效梅傲霜休傲友,学竹虚心莫虚情。""世事如棋让一着不为亏我,心田似海纳百川方见容人。"生活在现代社会中的我们,大部分人的生活优裕安定、无忧无虑,久而久之,难免会滋生心高气傲、不懂谦让的心态,致使人际关系越来越紧张。因此,学会生活,学会交际,学会适应环境,学会谦虚恭敬地待人接物是十分重要的。有人会说,我很尊敬周围的人呀,也对他们以礼相待了。其实,很多时候,我们都是在行一种礼尚往来罢了。我们缺少的是发自内心的真诚待人。假如说有个人开着汽车到你家门前,看不出来是什么车,你可能不会有什么特殊的想法。若你突然看到是辆宝马车,你便可能会对他另眼相看,你会觉得:他很有钱,他很酷,事业很成功,能力很强,你就可能会很尊敬他。殊不知,你尊敬的不是人,而是这个人的光环。这便不是真正的尊敬,也不是真正的谦虚了。

(2)谦卑有礼

不可目中无人,勿自矜。如果一个人得了"势"就不可一世、目中无人了,那么可以很肯定地说,这个人的得势往往只是暂时的。

不管一个人多聪明,多能干,条件多好,如果不懂得在做人、做事上低调、谦让,那么他最终的结局肯定是失败。做人、做事是一门艺术,谦卑地做人、做事则是一门学问。很多人之所以觉得自己的一生碌碌无为,往往就是因为他活了一辈子都没能弄明白该怎样去做人、做事。

渴望成功是每个生活在现实社会中的人的共同愿望,很多有志之士为了心中的梦想付出了很多,然而得到的却很少,这个问题是古今中外概莫能外的、发人深省的问题:不是不够努力,也不是不够勤奋,可是却不够成功,为什么?想要解决问题,先要抓住问题的要害。其实,在很多时候,这个问题的症结就在于人们往往偏重于做事,而忽略了做人。

比如你是一名教师,你的主观愿望是做一名好老师,于是,你只是认真备课、对学生的学习成绩负责,但是,对于学生的心理活动、日常生活的关心不够,也许就会不太受学生欢迎。教书育人,一个好的老师,不仅要教会学生功课,更要教会学生做人。可以这么说,做人、做事其实是一门互促互进的学问,单从任何一个方面入手,都不可能窥其全貌。在中国传统思想中,与做人相对应的是"德",而与做事相对应的是"才"。德才兼备,而不是单一的"德"或者是单一的"才",才是衡量人才的正确标准。

(3)谦逊自制

不可得意忘形,不可骄傲自满。有本事的时候不自夸,有功劳的时候不自伐,有成就的时候不自居。

我们仿佛是浩瀚宇宙中的一粒尘埃,和世界上大部分人一样,平凡而且微不足道。作为简单如浩瀚星河中最不闪烁的一颗星星,即便是取得了一些成就也没有任何值得骄傲的地方。那是因为:我去过的地方只是屈指可数,即便是在环游了世界之后,还有浩瀚的宇宙让我们望尘莫及。所以,我要做的只能是用心感受我到过的每一寸土地的脉搏、每一条河流的跳跃、每一座山脉的沉静。

当年幼的我看着自己第一篇变成铅字的文章时,我欣喜的同时,发现跟优等生相比,我不能骄傲。我靠着自己的努力打拼,小有

八荣 八耻

成就时，与成就斐然的人相比，我不能骄傲。谦虚，其实就是在完成一个目标的时候，不忘提醒自己，人生的目标决不因为这一个目标的完成而可以就此止步。

（4）谦虚使人进步

骄傲的人只会生活在昨天的成就中，止步不前；谦虚的人却会生活在明天的希望中，永不止步。

谦虚的人懂得自己在哪一方面占有优势，在哪一方面与他人相比又存在差距。如此一来，他就可以做到扬长避短，发挥自身的优势，在特定的领域内取得相应的成绩。

记得很早之前看过一篇童话，写的是小草与树的对话。山脚下有一棵树，笔直挺拔，但是，与山顶的小草相比，树的视界狭小，小草不免有些轻视那棵山脚的树。我在小的时候，经常会暗笑小草的狂妄，现在长大了些，想得更多的却是那棵树。因为在现实生活中，生长在山顶的毕竟是少数，更多的人是和树一样扎根于山脚下的。但是，我毕竟是破土而出，历经重重阻碍，凭借自己的力量生长起来的树木。这就是我骄傲的资本，在我的生命和整个世界中，这便是无上的荣光。在这里，谦虚其实就是一种淡定的心态，是真实地看待世界的眼光。

接受自己其实就是成功的一半。俗话说得好："骄傲来自浅薄，狂妄出于无知。"如果说虚怀若谷的人就像一棵历经风雨的树，那么骄傲自满的人就如一个禁不起风霜的温室花朵。骄傲的原因之一，就是不能正确估价自己，不能清楚地认识自己，在这个时候，人们往往过多地看到自己的优点、长处，过多地看到别人的缺点、短处,因此,就会产生自己比别人强的错觉。骄傲的原因之二,就是不能正确地对待自己的成绩。取得一些成就就沾沾自喜、轻狂不羁,忘记了成绩永远只能代表你的过去,而只懂得生活在过去的人是渺小的。骄傲的原因之三,就是不能坚守自己的节操,禁不住糖衣炮弹的诱惑,看到的只是物质条件的优越,听到的只是阿谀奉承的赞美,忘记了自己的实际身份和真实情况。

谦虚正是抑制骄傲的一味"良药"。一方面,正因为我的谦虚,我知道我还不够完善、不够成功、不够有才、不够有德……所以,我才会不断努力去完善自己;另一方面,正是因为我谦虚,我能够赢得周围人的尊重和支持,这就会为我的成功铺就一条更为坦荡的道路。

当代人为什么要"谦"

"谦"是中国传统伦理思想中重要的道德范畴,是处理人与自己、人与人、人与社会之间关系的重要规范之一;"谦"是"德之柄";谦虚,既是人的基本道德素养之一,又是道德修养和道德教育的重要内容。然而,市场经济的繁荣在一定程度上使得"竞争思维"甚嚣尘上,在利益面前,人们争夺时多,谦让时少;国家的高速发展在一定程度上助长了社会的"骄傲风气",在成就面前,人们骄傲时多,谦虚时少。

一方面,随着竞争观念的不断加深,现代人崇尚的更多的是个性的张扬。人们逐步意识到谦卑早已不再适应新的社会环境了,只有推销自己、展示自己,才会为自己带来更多意想不到的机会。但是,在这种"自荐"、不谦虚的过程中,最容易滋长的就是夸大事实、浮夸虚假的现象。这种现象发展到一定程度就会成为一种极其恶劣的吹嘘和浮夸风气,把一说成十,把十说成百……渐渐地,人们就会丧失了对自己和他人行为最基本的判断能力,整个社会就会被一种歪曲的价值取向所左右,社会就会慢慢失去诚信,进而形成恶性循环。

另一方面,不懂得谦让还会恶化人与人之间的关系,破坏人际关系的和谐。人们为了追逐自己的个人利益,完全置他人的利益于不顾,发展下去,只会使得竞争越来越残酷,出现越来越多的不正当竞争。

因此,要重拾中国人"谦"的美德就显得至关重要了。

如何行"谦"

认识自己是培养谦虚品德的基础。培养谦虚的品德,首先要做到的就是一分为二地看待自己。只有客观、正确地看待自我,才能扬长避短,才会有所进步。一方面,不能妄自菲薄;另一方面,也不能妄自尊大。因为这个世界上的每一个人无一例外地都有自己的优点和缺点,这就意味着,生活其实就是学习别人的长处、弥补自己的短处的过程。所以,看清自己的优点、成绩,发现自己的缺点、不足就显得格外重要,这样就不会片面地高估或者低估自己,从而使自己既不自负又不自卑,进而做到既不会很骄傲,也不会很自卑。当然,谦虚并不意味着对别人的意见照单全收,而是要在别人给你提出意见或者建议的时候,在自己的头脑中有一个过滤的过程,不可偏听盲从,否则就会适得其反。

认识他人是培养谦虚品德的关键。在与人交往的过程当中,应当客观地评价他人。要善于发现别人的长处,并养成随时向他人学习的习惯。在日常生活中,要以平和的心态待人,要以淡泊的心态对事。切忌盛气凌人、目中无人、恃才傲物、嫉贤妒能。其实,人天生都会有种傲慢之心,总是不自觉地放大自己的优点,放大别人的缺点,骄傲的人,也就是光看别人的缺点和自己的优点的人。这就需要我们经常提醒自己,鞭策自己,反省自己。

在求知过程中,要充分认识"满招损"的危害。古话说,"满招损,谦受益"。无论什么时候,骄傲自大、自满自足,都只会使前进的脚步受到牵绊。谦虚是一个人认识世界的一种反馈,对的接受,错的改正。谦虚是我们的生命抵达更高层次的一把钥匙,永不满足、一直追求。谦虚是一种做人的态度,以礼待人、先人后己。谦虚是一种学习的态度,真实地面对现实,不懂就问,不会就学,实事求是。孔子说:"不患莫己知,求为可知也。"(《论语·里仁》)其意思就是,不怕没有人知道自己,去追求足以使别人知道自己的本领就可以了。

其实,真实地评价自己的才干与行为,是自爱的基础。只有尊重自己,才能正确地认识自己。同样,只有尊重他人,才能正确地评价他人,所以"尊己尊人"才是市场经济条件下的现代人应该具有的"谦虚"美德的准确内涵。"尊己"指向的是自身,"尊人"指向的是他人。

总之,要形成正确的"谦"的观念,懂得"谦"是中庸之德,与之相对应的两个极端是"馁"和"骄",馁不及,骄为过。以谦为荣,以馁和骄为耻。要从生活中的点滴小事做起,待人接物常怀"谦诚"的态度。其实,我们身边很多的小事情都能影响到"谦"德的培养,所以,不仅要点滴不辍、事无巨细,而且还要持之以恒,养成"谦虚"的行为习惯。另外,谦还是其他美德的基础,通过养成谦虚的德行,能够有助于形成其他美德,营造"谦和"的氛围。

第二辑 菁华篇

JINGHUAPIAN

谦

《左传》尝载古人之言："大上有立德，其次有立功，其次有立言，虽久不废，此之谓不朽。""立言"为不朽之一，而立道德之言尤为可贵。言者，心之声也。道德之言，乃有德者之心声，故而尤其值得珍视。中国作为礼仪之邦、文明古国，历代不乏高贤大德，而他们都有自己的道德体悟之语。本辑所选是古今道德箴言的菁华。这些箴言名句，是古今高贤大德人生经验的凝结，是他们纯洁、高尚心灵的流露。这些箴言名句，可以朗读，可以背诵，可以欣赏，可以怡情，可以励志，可以开慧，可以大心，可以成德。

背诵部分

日中则昃①,月盈则食②。

——《周易·丰》

注 释

①昃(zè):太阳偏西。

②食:亏缺。

解 读

此语的大意是:太阳到了正午就要偏西,月亮盈满就要亏缺。比喻事物发展到一定程度就会向相反的方向转化。天有什么规律,地就有什么规律,而人必须顺应这些规律。

谦者,德之柄①也。

——《周易·系辞下》

注 释

①柄:原意是指植物的花、叶、果和枝茎相连的部分,引申为器物的把柄,后又引申为把柄、关键。

解 读

此语的大意是:谦虚是保持美德的把柄和关键。也就是说,要想成为有美德的人,关键就是要谦虚。在日常生活中,很多人都会有这样的体验,如果器物上没有把柄,那么拿起这个器物就不会那么容易,但是有把手的器物就不一样,它很容易被使用。在很多时候,美德是一种精神上的内在体会,道德水平高尚的人往往不喜欢外露,但是,他隐遁得再好,总是会露出"把柄"的,这个把柄就是谦虚。人在无边无际的时间和空间中不过是"白驹过隙",于是,越是修养高的人,就越是会在领悟了这一天地之道之后,对天地万物充满恭敬之心,从而顺从、谦和下来。

吾日三①省②吾身。

——《论语·学而》

注 释

①三：不是具体数词，是表示多数。

②省：反省、省察。

解 读

这句话原指每日从三个方面检查自己，后指多次自觉地检查自己。曾子曰："吾日三省吾身——为人谋而不忠乎？于朋友交而不信乎？传不习乎？"曾参每日三省是从三个方面去检查自己的思想和言行：一是反省谋事情况，即反省自己对工作是否忠于职守；二是反省自己与朋友交往是否信守诺言；三是反省自己是否知行一致，即是否把学到的内容身体力行。总之，通过自省是要从思想意识、情感态度、言论行动等各个方面深刻地认识自己、剖析自己。

君子泰^①而不骄,小人骄^②而不泰。

——《论语·子路》

注 释

①泰:宽宏、宽厚。

②骄:傲慢。

解 读

在《颜渊篇》里,司马牛问什么是君子。孔子说:"君子不忧不惧。"不忧不惧就能做到泰然自若,心平气和。相反,心胸狭窄、矜己傲物、装模作样、色厉内荏,貌似骄傲内心却忧惧交加、患得患失,永远不得安详宁静。平生未做亏心事,半夜不怕鬼敲门。凡事保持泰然处之的心境是最重要的。孔子在回答其弟子子张关于从政的条件时说,要"尊五美,屏四恶"。"泰而不骄"是孔子所讲的"五美"之一。什么叫"泰而不骄"呢?孔子解释说:"君子无众寡,无小大,无敢慢,斯不亦泰而不骄乎?"(《论语·尧曰》)这就是说,君子无论对方人多人少,势力大小,都不敢轻慢。孔子把"泰而不骄"作为从政的美德之一,这是很值得从政者深思的。

三人行①，必有吾师②焉。

——《论语·述而》

注 释

①行：一起。

②师：老师，先生。

解 读

此语的大意是：几人同行，其中必定有可作为我的老师的人，要选择他们的长处来学习，如果看到他们的缺点就要反省自己有没有像他们一样的缺点，若有，要一起加以改正。孔子是至圣先师尚有这样的谦虚求学态度，我们更应该保持谦虚谨慎的学习态度。

无①入而藏，无出而阳，柴②立其中央。

——《庄子·达生篇》

注 释

①无：不要。
②柴：像柴木一样。

解 读

此语的大意是：不要太深入而潜藏，不要太表露而张扬，而要像柴木一般无心矗立。再强大的人也要做到虚怀若谷，因为低头的是稻穗，昂头的是稗子，只有那些空空如也的稗子才会把头抬得老高。在《周易》中，大有卦(即大获所有)之后就是谦卦，为了防止因满盈而衰败，必须谦虚。与人相处，凡事不可做绝，不能做得太完美，得势不忘失势，强盛不忘衰败，富有不忘破落，要记得给对方留有余地。不管在什么场合见面，都不会难堪，不会尴尬，更给他人以机会。

盛①满易为灾,谦冲②恒受福。

——张廷玉

注 释

①盛:极力;形容程度深。

②冲:淡泊,谦和。

解 读

此语的大意是:盛气凌人、骄傲自满的人容易发生灾祸,而谦虚的人就会恒久地受到福赐。三国时吴国的顾雍封侯已经三天了,而家人却不知道。宋朝的大将曹彬攻克江南回京见皇上的时候,只称是"奉敕江南勾当公事回"。宋朝的贤臣文彦博于宋仁宗至和年间首先建议册立英宗为太子(英宗在位四年),等到神宗皇帝继位的时候,文彦博只说全是韩琦的功劳,皇上因此而知道文彦博不自夸功劳。以上所说的这几位贤人,都是具有谦虚美德的人。而《三国演义》中的吕布、晋朝的石崇等人却因傲慢而招致杀身之祸。这说明气量大的人,福泽必定厚;气量浅的人,福泽必定薄;而谦虚和骄傲,则是福祸的缘由。

自后^①者人先之，自下^②者人高之。

——扬雄《法言》

注 释

①后：以……为后。

②下：以……为下。

解 读

此语的大意是：甘愿以人为先以己为后的人，人们反而会让他在前面；自愿以人为上以己为下的人，人们反而会让他占据高位。其实就是说只有谦卑的人，别人才会高看你。不为一己私欲去争名索利，而是懂得谦让的人，自然会受人尊重，人们也自然会谦让于他，让他得到更大的利益。一个人的真正伟大之处就在于能够认识到自己的渺小。与人相识、相交，最重要的一条是要放低自己的姿态，尊重他人。有道是"人敬我一尺，我敬人一丈"。只有尊重别人，才会得到别人的尊重。尊重别人是一种素质，是一种修养，是一种智慧，是一种胸怀，它体现理解，体现信任，体现团结，体现平等。学会尊重别人可以给人以自信，给人以力量，给人以温暖，同时，也能给自己以温暖。

不骄方①能师人之长，而自成其学。

——谭嗣同

注 释

①方：才，就会。

解 读

此语的大意是：不骄傲才能看见别人的长处并潜心学习，最终能使自己博学。这个世界上从来就没有完美的人，即使一个人很优秀，他依然是不完美的。

天下无万能的人，人贵^①有自知之明。

——《韬奋文集》

注 释

①贵：以……为贵。

解 读

此语的大意是：人，一定要有自知之明。就谦虚这一点来说，就是要知道自己不过是时间之过客、沧海之一粟。世界之大，宇宙之浩瀚，身在其中的你没有可以骄傲的地方。钱学森《在授奖仪式上的讲话》里说："真正伟大的是中国人民，是中国共产党，是中华人民共和国！"一个人从呱呱坠地到长大成人，离不开父母、亲人、师长、朋友，甚至包括很多已经不再熟悉的人的帮助。牙牙学语，蹒跚学步……没有一样可以自己单独完成，所以，我们要懂得感恩，懂得自己的成就离不开他人的帮助。

熟读部分

企①者不立,跨②者不行。自见者不明;自是者不彰;自伐者无功;自矜者不长。其在道也,曰余食赘形③。物或恶之,故有道者不处。

——《道德经》

注 释

①企:一本作"支",意为抬起脚跟,脚尖着地。

②跨:跃、越过,阔步而行。

③赘形:多余的形体,因饱食而使身上长出的多余的肉。

解　读

　　此语的大意是：踮起脚跟想要站得高，反而站立不住；迈起大步想要前进得快，反而不能远行。自逞己见的反而不能使人明了自己的意见；自以为是的反而不能彰显自己；自我夸耀的建立不起功勋；自以为贤能的人往往不能赢得别人的尊敬。从道的角度看，以上这些急躁炫耀的行为，只能说是剩饭赘瘤。因为它们是令人厌恶的东西，所以有道的人决不这样做。老子用"企者不立，跨者不行"作比喻，说"自见""自是""自我""自矜"的后果都是不好的，是不足取的。这些轻浮、急躁的举动都是反自然的，短暂而不能持久。急躁冒进、自我炫耀，反而达不到自己的目的。本句不仅说明急躁冒进、自我炫耀的行为不可取，也喻示着雷厉风行的政举将不被人们所普遍接受。

一知半解的人,多不谦虚①;见多识广有本领的人,一定谦虚。

——《不惑集》

注　释

①谦虚:指不自满,积极地接受批评和反对意见,并虚心地向他人请教。

解　读

此语的大意是:有真才实学的人往往谦虚谨慎、虚怀若谷,相反,不学无术、一知半解的人却常常骄傲自大,自以为是,好为人师。谦虚是一种品质,是进取和成功的基本前提,更是绝大多数成功者所具有的修养和品质。无独有偶,西方哲学家卢梭也说过同样的话:"伟大的人是绝不会滥用他们的优点的,他们看出他们超过别人的地方,并且意识到这一点,然而绝不会因此就不谦虚,他们的过人之处愈多,他们愈认识到他们的不足。"在这个意义上说,谦虚的人才可能会进步,因为他们时时刻刻谨记自己的不足。

凡论人有要①：矜物之人，无大士②焉。彼矜者，满也。满者，虚也③。满虚在物④，在物为制⑤也。矜者，细之属⑥也。

——《管子·法法》

注 释

①论人有要：评论人有要领。

②大士：伟大的人士。

③满者，虚也：自满就必然空虚。

④满虚在物：以满而虚来接人待物。

⑤在物为制：就会被外物所制。

⑥细之属：属于渺小之列。

解 读

此语的大意是：评论人是有要领的，凡是傲视一切的人，没有一个是有成就的伟大人物。他的骄傲，是自满的表现。自满就是空虚。行事有了自满和空虚，就被外物所牵制，骄傲的人，属于渺小之列。

凡人所以立身①行己②,应事接物,莫大乎诚敬。诚者何?不自欺不妄之谓也。敬者何也? 不怠慢不放荡之谓也。

——《朱子语类》

注 释

①立身:确立人格。

②行己:自己做人。

解 读

此语的大意是:凡是人们要确立人格,自己做人,与人交往,最重要的莫过于诚和敬。什么是诚?就是不自我欺骗、不乱来的意思。什么是敬? 就是不散漫、不放荡的意思。

　　吾闻之，良贾①深藏若虚②，君子盛德容貌若愚。去子之骄气与多欲，态色与淫志③，是皆无益于子之身。

——《史记》

注　释

①贾(gǔ)：商人。

②若虚：就像空的一样。

③淫志：过分的志向。

解读

　　此语的大意是：一个了不起的商人，深藏财货，而外表看起来好像一无所有；一个有修养的君子，德行很高，而外表看起来好像愚蠢迟钝。你要去掉骄傲之气和贪欲之心，因为这些都对你没有好处。历史上许多成功的人都有着较深的城府和较大的肚量，他们都持守着"良贾深藏若虚"的原则，善于隐藏自己，不喜欢炫耀自己。即使面对与自己有嫌隙的人，他们也会深藏不露，表现得极为平和。这是一种智慧，也是一种资本。诸葛亮深谙做人之道，赤壁之战曹军大败，诸葛亮明知关羽会放过曹操，但还是把关羽安排在了华容道截击曹操，其实他是要让关羽还曹操一个人情。关羽放走了曹操，按军令理当处斩，但他又把人情送给了刘备，让刘备当了救关羽的恩人。诸葛亮本人却不显山不露水，事事不露锋芒，为人也很谦虚，真可谓"地低成海，人低成王"。

所谓恭者,内不敢傲于室家,外不敢慢于士大夫;见贱如贵,视少如长;其礼先入①,其言后出;恩意②无不答,礼敬无不报;睹贤③不居其上,与人推让;事处其劳,居从其陋,位安其卑,养甘其薄④。

——《潜夫论》

注 释

①其礼先入:礼仪为先的意思。

②恩意:恩惠情义。

③睹贤:见到贤者。

④养甘其薄:养生方面自甘俭约。

解 读

此语的大意是:所谓恭,就是在家不敢对妻子傲慢,在外不敢对士大夫傲慢;把卑贱的人也当作高贵的人那样对待,把年少的人也当作年长的人那样对待;先行礼仪,然后再说话;对于一切施恩惠和情谊于自己的人无不答谢,对于别人施与自己的任何礼敬无不酬谢;见到贤能的人,不敢位居其上,而是把尊位高官推让给他们;做事不辞辛劳,安于居住简陋的房子,安于下等的官位,生活方面也安于俭朴。

今人病痛,大段只是傲。千罪百恶,皆从傲上来。傲则自高自是,不肯屈下人。故为子而傲,必不能孝;为弟而傲,必不能弟①;为臣而傲,必不能忠……"傲"之反为"谦"。"谦"字便是对症之药。非但是外貌卑逊,须是中心恭敬,撙节②退让,常见自己不是,真能虚己受人。故为子而谦,斯能孝;为弟而谦,斯能弟;为臣而谦,斯能忠。尧舜之圣,只是谦到至诚处,便是允恭克让③,温恭允塞④也。

——《王阳明全集·书正宪扇》

注释

①弟:同"悌",即顺从。

②撙(zǔn)节:自我约束、克制。

③允恭克让:语出《尚书·尧典》,意思是说(帝尧)确实能够恭谨让贤。

④温恭允塞:语出《尚书·尧典》,意思是说(帝尧)确实有温和谦恭的美德。

解 读

　　此语的大意是：当下人们的主要缺点就是骄傲自大。所有的错误和罪恶其实都可以从骄傲这里找到根源。骄傲的人目中无人，所以，骄傲的儿子，就会目中无父，不孝敬父母；骄傲的弟弟，就会目中无兄，不顺从兄长；骄傲的臣子，就会目中无君，不忠诚于皇帝……骄傲的反义词是谦虚，谦虚是改正骄傲这一缺点的良药。谦虚不仅仅是外表上的要求，更是一种发自内心的恭敬、自我克制、敢为人后，总是能够积极地发现自己的错误，并且能够虚心地接受别人的建议。所以，谦虚的儿子，就会孝敬父母；谦虚的弟弟，就会顺从兄长；谦虚的臣子，就会忠诚于皇帝。像尧帝和舜帝这样的圣人，就是至真至实的谦虚，他们不仅能够恭谨让贤，更是有温和谦恭的美德。

劳谦虚己,则附①之者众;骄慢倨傲,则去②之者多。

——葛洪《抱朴子》

注　释

①附:归依、依附。

②去:离开,背离。

解　读

　　此语的大意是:谦虚温和的人,就会有很多人追随,骄纵傲慢的人,就会有很多人疏远。犯错之后面对批评时,是虚心接受还是刚愎自用,决定了今后大家对你的态度,同时也决定了你今后的生存空间。人和人之间相处,难免产生一些摩擦和磕磕碰碰,自己的利益也难免在无意或有意间受到别人的一些伤害,遇到这种事情怎么解决,可以反映出一个人的修养和胸怀。谦虚、忍让,表面上看起来像是受到了损失,事实上确是可以因此受益的。一个谦让的人,他的举止不会逾越礼仪的准则,他的愿望不敢凌驾于法律之上,因此怨恨与灾难也不会找上门来。

骄傲自满是我们的一座可怕的陷阱①；而且，这个陷阱是我们自己亲手挖掘的。

——老舍

注 释

①陷阱：比喻害人的圈套。

解 读

此语的大意是：领导对部下颐指气使，名人对普通人不屑一顾，大人对小孩动辄训斥，强者春风得意时对弱者和失意者嘲弄讥讽。这种人不肯把自己摆在与人平等的位置上，自视高人一等，其实只不过是满足了他们的虚荣心而已。真正懂得自尊的人往往都非常注意尊重别人，大人物的平易近人、长者的和蔼、名流的谦逊、有钱人的乐善好施，不但无损自身的形象，反而会让人感到可亲可敬，更能显示其非凡的人格魅力。

我们不要把眼睛生在头顶上，致使用了自己的脚踏坏了我们想得之于天上的东西①。

——冯雪峰

注　释

①天上的东西：比喻不能达到的目的。

解　读

此语的大意是：越是没有本领的人就越自命不凡、狂妄自大、看不起人。

　　我们不能一有成绩,就像皮球一样,别人拍不得,轻轻一拍,就跳得老高。成绩越大,越要谦虚谨慎①。

——王进喜

注　释

①谦虚谨慎:形容人虚心礼让,小心谨慎。

解　读

　　此语的大意是:"谦虚谨慎"是一种高尚的传统美德。短短四个字浓缩了人生修养德行的精华。"行谨则能坚其志,言谨则能崇其德。"古往今来,多少仁人志士都以"谦虚谨慎"作为自己的人生准则,修心养性,慎言谨行,终成大业。谦虚谨慎是一种力量。老子说:"江海所以能为百谷王者,以其善下之,故能为百谷王。"墨子说:"慧者心辨而不繁说,多力而不伐功,以此名誉天下。"一个人如果不谦虚谨慎,自满自足,不但不能进德修业,而且会停滞不前,终究不能成正果,而会被时代淘汰。只有勤勉敬业、埋头苦干者,才能高其品、养其德,不断成长、不断进步。

虚心①不是一般所谓谦虚,只是表面上接受人们的意见,也不是与人们无争论无批评,把是非和真理的界限模糊起来,而必须保持自己的政治立场,当自己还未了解他人意见时不盲从。

——徐特立

注 释

①虚心:指学习的时候,能够放下自己的架子和脾气,向比你更加优秀或更有能力,甚至是不如你的,但却在某些方面(如见解、观点及处事方法)比你擅长的人学习。虚心是一种心境,是一种能够正视自己不足之处的学习态度。

解 读

此语的大意是：首先要明确的是，人的心可小可大，小的能小到连针尖都插不进去，大的却能大到包罗宇宙万象。心越实，心越小；心越虚，心越大。有句话说得好：心有多大，世界就有多大。在此，心就是指虚心。做个不太恰当的比喻，如果我们把心看作做是一间房子，如果这间房子是虚的(空的)，它的用处就大了，它可以当卧室，可以做书房，可以当办公室，也可以当教室等等。但是，如果这间房子堆满了乱七八糟的东西，无从下脚，那么，这间房子几乎就成了废物，无可利用的价值。你如果想要把它从一个垃圾堆变成一间可以为你所用的房子，就必须要把里面不必要、没用的东西统统搬出来，把它清理干净。这样，你的房子才能成为空房子，你才能以它为用。骄傲的心里满满的，都是骄傲，自己原本就是满的，我们常常说的"自满"就是这个意思，容不下其他东西了。心的容量如此的小，它的用处自然也会很少。所以，我们必须常常反省自己，不是要让自己的心里装更多的没必要的东西，而是要虚心，使我们的心成为能够容纳千江万河的博大空间。只有做到了这一点，才算是拥有了谦虚的智慧，才能发现生命中永远有你可以继续拓展的空间。

第三辑

范例篇

FANLIPIAN

儒

　　鲁迅先生曾在《中国人失掉自信力了吗》一文中说过:"我们从古以来,就有埋头苦干的人,有拼命硬干的人,有为民请命的人,有舍身求法的人……虽是等于为帝王将相作家谱的所谓'正史',也往往掩不住他们的光耀,这就是中国的脊梁。"本辑所选正是作为中国人道德脊梁的行为故事。他们以自己的实际行动诠释了什么是道德上的崇高。这些故事不过是古往今来具有高尚道德情操的中国人的行为范例之沧海一粟。虽然他们的行为有其时代的烙印和局限,但正因其为后人立德,故而获得了不朽的意义。

周文王访贤遇姜尚

  提起周文王，相信大家并不陌生，他是我国古代社会有名的贤王。话说商朝末年，渭水流域兴起了一个叫周的强国。周的祖先姓姬，历史很悠久，据说他们的远祖后稷在尧的时候担任农师，之后便世世代代承袭这个职务，管理农业方面的事情。也就是说，周的祖先主要从事农业方面的事情。夏朝末年的时候，政府腐败，农业衰落，周的祖先就西迁到现在的甘肃东部和陕西西部一带，自己组成了部落。商朝后期，周族遭受西北方的戎族和狄族的侵扰，周族的首领古公亶(dǎn)父率领族人从岐山北边迁到岐山南边的周原上居住，并且在那里建筑城郭宫室，开垦荒地，设置官吏。大概从那时候起，周族逐渐形成了奴隶制国家。古公亶父的儿子季历在位时，周的势力强大起来。商朝的王文丁感到了来自周的威胁，就杀害了季历。季历死后，他的儿子姬昌继位，姬昌就是有名的周文王。

  周的祖先做过农师，因此周文王也十分重视农业。他待人宽厚，对老年人很尊敬，对小孩子很爱护，老百姓都很拥护他。周文王特别敬重有本领的人，请他们帮助他治理国家。许多有本领的人纷纷来投奔他，久而久之，他手下便汇聚了许多德才兼备的文臣武将。

  商纣王继位后看到周的势力越来越强，十分害怕，就找了个理由把周文王骗到朝歌，囚禁在羑里(今河南省汤阴县西北)。周文王的臣子为了搭救文王，搜罗了美女、好马和珍宝献给纣王，并买通商朝的大臣，请他们在纣王面前求情。纣王很贪财，又很好色，他得了礼物，听信了大臣们的话，便把文王释放了。

获得自由以后，周文王下决心要治理好自己的国家，以便寻找机会推翻商朝，报仇雪耻。他看到自己手下虽然有了不少文臣武将，可是还缺少一个文武全才、统筹全局的人帮他筹划灭商大计。因此，他经常留心寻访这样的能人。

功夫不负有心人，一次，周文王外出打猎，在渭水的支流磻(pán)溪边遇见了一位钓鱼的老人。只见老人须发斑白，看上去有七八十岁了。奇怪的是他一边钓鱼，嘴里一边不断地叨念："快上钩呀快上钩！愿意上钩的快来上钩！"再一看，老人钓鱼的鱼钩离水面有三尺高，并且是直的，不是弯的，上面也没有鱼饵。"这怎么可能钓得着鱼？"文王看了很纳闷，就上前和老人攀谈起来。

原来这老人姓姜名尚，又名子牙，是炎帝的后代。他到渭水边来钓鱼，其实是在等待贤明的君主来寻访他。

在与姜尚的谈话中，周文王发现姜尚是一位眼光远大、学问渊博的人。姜尚上通天文，下知地理，对政治、军事等各方面都很有研究，特别是对于当时的政治形势分析得头头是道。他认为商朝的天下不会很长久了，应当由贤明的领袖出来推翻它，建立一个新的朝代，让老百姓能过上舒服的日子。

姜尚的话句句都说到了文王的心坎儿里。他本来就是为了要推翻商朝才到处去寻访能人的，眼前的姜尚，不就是自己要寻访的能人吗？文王恳切地对姜尚说："我们盼望您很久了，请您到我们那里去，帮助我们治理国家吧！"说完，他就叫车夫把车子赶

过来,邀请姜尚和自己一同上车,回到都城
里去了。

　　姜尚得到了文王的重用,先被立为国
师,后来升为国相,总管全国的政治和军事。由于周文王的父亲太
公季历在世的时候就很向往姜尚这样的能人,所以人们尊称姜尚
为"太公望"。后来人们干脆把"太公望"的"望"字省略掉,把姜尚称
为姜太公。

　　周文王对内发展生产,使得人民安居乐业;对外征服各部族,

开拓疆土,削弱了商朝的力量。见到此景象,姜太公便倾其全力辅佐周文王。在姜尚的辅佐下,周文王先后打败了犬戎、密须等部族,征服了耆(qí)、邘(yú)等小国家,并吞并了从属于商朝的崇国,在崇国的地盘上营建了一个丰城,把都城从岐山南边的周原迁到了丰城。到周文王晚年的时候,周的疆土大大扩充,西边收复了周族的老家,即现在陕西、甘肃一带地方;东北进展到现在山西的黎城附近;东边到达现在河南沁阳一带,逼近了商纣王的都城朝歌,南边把势力扩充到了长江、汉水、汝水流域。据说周文王已经控制了当时天下的三分之二,为灭商奠定了坚实的基础。

可是,周文王没有来得及实现灭亡商朝的愿望就去世了。他的儿子姬发继承了王位,就是周武王。周武王继承了父亲的遗志,尊称姜尚为师尚父。在姜尚的辅佐下,他终于完成了父亲的遗志,灭了殷商。

居安思危

　　蔡桓公是春秋时期蔡国的第七代国君。当时的蔡国，原本只是一个百里侯国。侯爵在当时的地位不高，封地的面积自然也不大，物产也就不丰富。到了蔡桓公的时候，蔡国的境况就更加艰难了。其他的诸侯国对蔡国都如同指使仆役般呼来唤去，很是无礼，真是小国不尊，大国不敬。

　　蔡桓公即位后一心想要振兴蔡国。尽管他没少努力，但是苦于国力着实有限，无论怎么努力，蔡国也赶不上当时的一个中等国家。看着眼前萧条的光景，蔡桓公经常暗自伤心，日积月累，便积劳成疾了。

　　一次偶然的机会，名医扁鹊见到了蔡桓公，看到桓公脸色苍白，气色甚是不好，就告诉桓公说："大王，您生病了，只不过，这个时候病症还只是停留在皮肤的纹理中，如果好好医治，很快就会康复。如果不医治，病情就会进一步加重的。"桓公听了，很是不信，逢人便说："这些所谓的名医，整日就喜欢医治没有病的人，然后，再把这当作自己的功劳。"

　　十天以后，扁鹊又见到桓公，看到桓公的疾病又进一步加深了，就又对桓公说："大王，您的病已经发展到肌肉里了，您还是医治一下吧，如果再不治，它还会进一步加重的。"桓公继续不理不睬。

　　又过了十天，扁鹊很是担心桓公的疾病，又来见蔡桓公，继续规劝桓公说："大王，您的病已经发展到了肠胃里了，如果再不从速医治，后果不堪设想啊。"桓公一口咬定扁鹊是无中生有，倒要看看会是怎么个严重法儿。

就这样十天又过去了，再一次见到桓公的时候，扁鹊回身就走。桓公觉得很奇怪，便问手下人："扁鹊不是整日都婆婆妈妈地劝我看病吗？怎么今天反而不说话就走了呢？"于是，桓公便派使者前去问扁鹊。扁鹊对使者说："现在，桓公的病已经深入到骨髓中了，我也无能为力了，还有什么好说的。"果然，没过多久，桓公就死掉了。

这个历史典故告诉我们：谦虚对于一个人来说不是小事，即便是身体

健康的人，也要居安思危，要时常检查自己的身体状况，以防小病变大病；即便是道德品行高尚的人，也要不断反省自己的言行，"不以恶小而为之，不以善小而不为"。居安思危是谦虚美德的延续，骄傲的人总是认为自己是完美的，不需要改进，因此就会一次次地错过完善自己的机会，最终往往会造成无可挽回的局面。蔡桓公就是因为骄傲自满而一次次地错过扁鹊的治疗建议，最终丢掉了自己的性命。

孔子以七岁孩童为师

"昔仲尼,师项橐(tuó),古圣贤,尚勤学。"这段话的字面意思非常清楚,说的就是我们的至圣先师孔老夫子曾拜项橐这个小孩子为师的故事。作为一个学有大成、为人师表的大人物,孔子尚且还要向一个小孩子学习,言外之意,我们就更应当虚心学习了。

项橐是春秋时期鲁国的一位神童。尽管历史上并没有留下多少关于他的事迹的确切记载,但是关于他的民间传说却有很多。这个孩子不仅眉清目秀、顽皮可爱,而且无师自通、聪明绝顶。在他很小的时候,就表现出比别的孩子更敏锐的观察力——他很善于观察周围的一切,人物也好,自然也好,一切新鲜的事物都能吸引他的眼球。这样的孩子要是生活在今天,往往就是让父母头疼的"问题孩子",因为他总是要问"为什么",什么都要追本溯源地一问到底。这样的孩子,父母有力应付的时候,会觉得他很可爱,一旦心情不好,就会对孩子表现出不耐烦的情绪。没想到的是,就是这样一个"问题孩子",却成了圣人孔子的老师。

孔子在鲁国这个地方设坛讲学,门下弟子三千,其中较为有名的是"七十二贤人"。一次,孔子听说在东南沿海有个地方被人们称作知识的宝地,尽管那里的百姓非常淳朴,但是那里的人们都饱读诗书、很有学问。综观古今中外,但凡能称得上圣人的人,都会朝着知识的方向前进,哪里有知识就去哪里。孔子也不例外,他跟弟子商议说一定要到那个地方去看看,体察一下那里的民情,领略一下那

里的人民的智慧。一切准备就绪,孔子带着众弟子乘坐马车风尘仆仆地赶到那里。

到了目的地,孔子命弟子们减缓车速,欣赏欣赏沿途的风景。忽然,他们看到前方的大路中间有一群孩子正在玩耍。孔子乘着马车慢慢地驶过去,孩子们一见到马车驶来,纷纷躲开了,唯独一个孩子一动不动地站在路当中。这个孩子就是项橐。

给孔子赶车的是他的弟子子路,子路为人较为勇武,脾气有些急躁,一见此状,便大声呵斥:"这个小孩子,老夫子在此,你为何挡在路中央不动?"

听到子路的呵斥,小孩子非但不动,反而叉开双腿,叉起小腰。

孔子就问这个小孩:"小孩子啊,你拦在路当中不动,是什么意思啊?"

没有人确定当时的项橐是否能够识得孔子,但是,项橐一听这位老人家叫他小孩子,就下定决心要捉弄他一番。项橐眼珠子一转,说:"这儿有一座城池,你的车马如何过得去呢?"

孔子说:"咦?这明明是一条路,哪里有什么城池?在何处?"

项橐不屑地指了指脚下,说:"我的脚下边就是城池。"

孔子一想,这孩子说得的确有道理,两条叉开的腿就像城门一样。孔子仔细观察,见这孩子不卑不亢、气度非凡,于是,怜爱之心骤起,索性下车去看看究竟。下车后,孔子看到,小孩的两腿中间的确摆着由几块小石子搭成的一道城墙。孔子想了想,问:"那这个城墙有什么作用啊?"

项橐说:"我的这个城墙是用来挡你的车马的,而且还要防军队。"

孔子笑了笑,说:"小孩子就会开玩笑。这么小的城墙,我的车马真的驶过去了又怎样?"

项橐说:"不对,城墙终究是城墙,既然是城墙,你的车马又如何驶得过去呢?"

孔子暗暗感叹这个地方的人真的很聪明,就连小孩子都如此的聪明伶俐。因为要赶路,孔子就请教这个小孩子说:"那我要怎么做呢?"

项橐回答道:"到底是城躲车马,还是车马绕城而走呢?"孔子一想,只得让马车从项橐的"城池"旁绕过去了。

燕昭王拜郭隗为师

大名鼎鼎的燕昭王是战国时期燕国的第三十九任君主，燕王哙之子，公元前313年即位，在位33年。在位期间，他联合五国攻破齐国，占领了齐国七十多城，造就了燕国盛世。

燕国本来也是个大国，后来，传到燕王哙手里的时候，由于燕王哙听信了坏人的主意，盲目效法传说中的尧舜让位，把王位让给了相国子之，使得燕国将军和太子平极为不满，出兵进攻子之，结果导致燕国发生了大乱。齐国打着平定燕国内乱的名号打进燕国，燕国差点被灭掉。

即位后，燕昭王时常往来于废墟之间，悼念战死的勇士，慰问勇士的遗孤。燕昭王的这种礼贤下士的作风深得民心，渐渐地，燕国重新强大起来。

一方面，燕昭王哀悼死者，抚恤孤贫，自己节衣缩食，与百姓同甘共苦。另一方面，燕昭王不惜重金招聘人才。他亲自去见郭隗先生，诚恳地说："齐国乘虚而入，占尽了便宜。但是，我又很了解燕国势单力薄的现状，此仇难报啊。然而，若能得到您这位贤士和我一起治理国家，必定能够洗刷先王的耻辱。请问先生，凭借燕国现有的力量该怎么努力才能报仇雪恨呢？"

郭隗回答说："成就大业的人与老师相处，成就王业的人与朋友相处，成就霸业的人与臣子相处，亡国之君只能同仆役小人相处（这句话的含义就是：越是贤明的君王就越能礼贤下士，不尊重贤人的人,贤人都会离他而去)。贤明的君主总是会奔走在人前,休息在人后,虚心地向贤者求教,最后一个停止发问,这样,才能超过自己十倍的人就会蜂拥而至。见面时,别人有礼貌地快步迎上来,自己也要有礼貌地快步迎上去,那么和自己能力相仿的人就会络绎不绝。相反,依着几案,拿着手杖,指派示意他人为自己做事的人,服杂役的仆人就会滔滔不绝。如果君主对人狂暴凶狠,随意践踏打骂,那么就只剩下些刑徒、奴隶在他身边了。这就是自古以来礼贤下士的招徕人才的方法。如果您能广泛选拔国内的贤者,登门拜见,天下贤士很快就会到燕国来的。”

燕昭王说:“那么我应该首先拜访谁呢?”

郭隗说:“我听说古时的一位仁君想用千金求购千里马,好多年也没能求到。一次,一个负责清扫宫廷的人对他说:‘请允许我去求它吧。’于是,国君就派遣他去了。三个月之后,这个清洁工果真获得了一匹千里马,但是,当他见到这匹马的时候,马已经死了,于是,他只好用五百两黄金买了死马的头拿回来交差。国君一见此状,大怒:‘我要的是活马,你却为了死马而花费五百两黄金!’仆人答道:‘花五百两黄金才不过买匹死马,何况活马呢?天下人看到大王您是能出高价买马的人,千里马应该很快就能到来了。’果然,不到一年的时间,燕昭王就得到好几匹千里马。如果您要招揽贤士,就先从我这里开始吧,我尚且还算是被人尊敬的人,何况是胜过我的人呢?他们难道会嫌路远而不来燕国吗?”

燕昭王觉得郭隗说得很有道理,立刻起身离座,面向郭隗拜道:“先生的话真是有理。我在此先拜先生为师了,敬望先生多多教诲!”

接下来,燕昭王还特意为郭隗建造了一座华丽的宫殿,并尊他为师,行弟子之礼,极其恭敬。不仅如此,燕昭王还筑成一座堆满黄金的高台,名叫黄金台,也叫招贤台,目的是招纳四方贤士。

就这样,燕昭王的好贤之名广为传播,乐毅和剧辛等各国贤士能人纷纷闻声而来,很快,在燕昭王身边就聚拢了一大批极为优秀的人才,从此燕国日渐强大起来。燕国上下同仇敌忾,举兵伐齐,最终旗开得胜,家仇国恨都得到昭雪。

黄鹤楼李白不题诗

黄鹤楼位于湖北省武昌的蛇山,面临长江,素有"天下江山第一楼"的美称。登楼远眺,旖旎风光一览无遗。黄鹤楼的得名传说跟一个道士有关。曾经有一个道士经常到某家酒家喝酒,酒家不大,生意一般,老板人很好,常常不收道士的酒钱。为了表达谢意,临走的时候,道士在酒家的墙壁上画了一只会飞下来跳舞的黄鹤,从此,酒家生意兴隆。十年后,道士再次来到酒家,骑上黄鹤便飞走了。老板就将酒家建成了一座酒楼,起名为"黄鹤楼"。相传,黄鹤楼在三国时候建成,后来一直是文人雅士登楼览胜、吟诗作画的宝地,历代的名人,如崔颢、李白、白居易、孟浩然、岳飞等曾来此游览,咏诗作词。

在游览黄鹤楼时,唐朝著名诗人崔颢曾写下千古名诗《黄鹤楼》:"昔人已乘黄鹤去,此地空余黄鹤楼。黄鹤一去不复返,白云千载空悠悠。晴川历历汉阳树,芳草萋萋鹦鹉洲。日暮乡关何处是,烟波江上使人愁。"崔颢寓情于景,借仙人乘鹤比喻自己对岁月不再、古人不在的遗憾。借仙去楼空比喻自己对世事茫茫的无奈,抒发了那个时代的人登黄鹤楼的共同感受,堪称题黄鹤楼的绝唱。

再说李白,作为诗仙,他的才华、成就和名气都毫无疑问地远在崔颢之上。然而,出乎意料的是,极爱触景生情、题诗附言的李白,在登上黄鹤楼,看了崔颢的《黄鹤楼》一诗之后,却坚持不再题

诗于黄鹤楼。

到底是怎么一回事呢？让我们一起来看看吧。

李白原在长安做官，因为高力士等人向唐玄宗进谗言，李白一气之下，上表辞官，开始四处畅游山水。那年，正值暮春时节，李白和他的友人们来到了慕名已久的黄鹤楼游玩。

据说壮年时的李白，经常与志同道合的友人一同出游，四处游山玩水,并且在他到过的所有处所李白都几乎留下了自己的诗作。为景色题诗,在当时的文人中是一种较为流行的做法。

登上黄鹤楼的李白,凭栏眺望,一江春景,美不胜收。赏玩了一会儿景色,他就倒背双手,仰脸阅读题在黄鹤楼上的诗句。读了一些诗句之后,李白觉得自己诗兴大发,思绪跳动,提笔凝思,只待书写。就在这时,他忽然看到崔颢所题的《黄鹤楼》一诗。诗句气概宏伟、感情真挚、出神入化。读了这首诗之后,李白连声夸道:"好诗!好诗啊!"望着绿树掩映的汉阳城,芳草茂盛的鹦鹉洲,翻波涌浪的长江水,李白的脑子里虽然跳出了一些诗句,但是,几次提笔,他都停了下来。

"你平日写诗,倚马可待,今天怎么……"朋友们有些迷惑不解了。但是,李白只是一味地感叹:"崔颢的诗写得太好了。此乃'眼前有景道不得,崔颢题诗在上头'!"说完,李白放下笔走出黄鹤楼。

事情虽然过去了,但李白内心深处却一直记挂着这件憾事,他总想有机会可以写出一首能与崔颢的诗相媲美的诗句。后来,在游金陵凤凰台的时候李白写了一首《登金陵凤凰台》:"凤凰台上凤凰游,凤去台空江自流。吴宫花草埋幽径,晋代衣冠成古丘。三山半落青天外,二水中分白鹭洲。总为浮云能蔽日,长安不见使人愁。"这首诗和崔颢的《黄鹤楼》结构相似,但气势更为磅礴,也了却了李白心中的这件憾事。

李白谦虚求学的态度从这个故事中可见一斑。他作为大诗人尚能如此,何况我们呢?

欧阳修脱鞋追苏轼

　　欧阳修是北宋卓越的政治家、文学家、史学家,是"唐宋八大家"之一。然而就是这个取得了巨大人生成就的人,却不惜放下自己考官的架子,脱下鞋追考生苏轼,显示出他礼贤下士、谦虚纳贤的高贵品格。

　　那是北宋嘉祐二年,欧阳修受命主持礼部贡举,决心借用科举取士的机会,狠刹邪风。

　　这一年,正逢京城会试,举子们打听到欧阳修是主考官,就想方设法找路子、托人情、拉关系、送礼。谁知,欧阳修早已吩咐随从,对来访的考生,一概拒之门外,如有不听劝阻的,还要"酌情训斥",弄得许许多多千辛万苦登门拉关系的考生一个个悻悻而去。

　　一天下午,一位身材瘦弱的青年文人来到欧阳修的门前,见到门卫,他说:"我是四川的苏轼,要拜见欧阳大人。"门卫不许,他便一再请求,门卫还是不让他进门,这时,欧阳修的亲近随从张旺从里面走出来,说:"欧阳大人明令,来访考生一概不见,快快离开!"

　　苏轼本就清风傲骨,哪受得了这番拒绝,索性把本不想轻易拿出来的,怀里揣着的朝廷大官的推荐信掏出来,请求张旺转呈给欧阳修。谁料,张旺没看信件还算客气,一看信封上写着张方平所托,不由得火冒三丈,跳起脚来怒吼道:"滚,快滚!"张旺的一举一动着实让苏轼有点儿丈二和尚——摸不着头脑。怎么回事呢?原来,欧阳修是新政的热心促成者,而张方平却是守旧派的重要代表之一,两人向来是水火不容。如今，苏轼却带了张方平的信来求见，张旺怎会不恼？苏轼也不示弱，索性用四川话不客气地回敬了几句。张旺正在气头上，便一手将苏轼推倒在地。苏轼忍痛爬了起来，破口大骂："狗仗人势，天将灭你……"骂完，他又想：欧阳修的下人竟如此粗野无礼，他本人也一定不是个正直廉明之人，这样的人主考，我考不考又有什么区别，索性不考了！想到这儿，苏轼拂袖而去。

欧阳修正在房里读书，听到门外一阵吵闹声，不知道到底发生了什么事情，于是就背着手出来看个究竟。一见主人走来，张旺便弓着腰笑嘻嘻地说："嘿嘿，大人，小的刚才赶走了一个张方平的同党。"欧阳修一听，不由得忖度起来，张方平早已经告老还乡，听说这阵子还病得奄奄一息的，还有谁能与他同党……张旺见欧阳修沉默不语，立即呈上那封信，说："大人，您看这封信。"欧阳修仔细看完，两道浓眉一竖，叹了一口气："唉！你们真是误事不浅！"他立刻问清了苏轼离开的方向，拔腿就追。张旺愣愣地站在门口，好一阵子回不过神来。

原来，张方平在信中写道：苏轼乃

四川才子，文章超群，德才兼备，由于一直无意功名，才过着处江湖之远的生活，后经张方平苦苦劝说，苏轼终于肯出山了。信中语言字字发自肺腑，说他自己已病入膏肓，不久于人世，万望欧阳修不计私怨，选贤任能……欧阳修本就是个爱才如命的人，见此信怎能不激动异常？再者一想，张方平临终还能不计前嫌，为了人才向我低头，我欧阳修怎么能让苏轼再度看破红尘隐入深山。所以，他顾不得自己年过半百的主考官身份，看完信就立刻追了出去。

再说苏轼，他一边走一边想：如今哪有什么识贤之人，还是回我的峨眉山隐居吧……这么想着，忽然间他听见身后传来一阵呼喊声："苏学士留步！苏学士留步！"苏轼转头一看，只见一位衣冠不整、胡子花白的老人，手提厚底官鞋，蹒跚地跑了过来。一见到苏轼，老人满是汗珠的脸上露出了满意的微笑。苏轼吓了一跳："呜呼哀哉！我碰上疯子了！"惊吓之下，他跑得更快了。跑了良久，他听到身后仍有追逐的马蹄声，隐隐约约还伴随着喊叫声："欧阳大人，欧阳大人，小心摔跤！"苏轼心里一震，难道提鞋追赶自己的老人是欧阳修？！他立刻调头转身，停住脚步，泪水早已夺眶而出。

原来，当时欧阳修一激动，就忘记让张旺备马，自己跑得急，掉了鞋，扭了脚，干脆脱鞋去追。而张旺悟出欧阳大人是去追人，于是备马追来。苏轼歉疚地走到欧阳修面前，纳头便拜："欧阳大人，原谅小生无礼！"欧阳修拉着他的手，亲切地说："苏学士千里迢迢而来，一路多有辛苦，快请起！快请起！老夫差点儿耽误了大事。"

科举之后，苏轼果真高中，成为国家的栋梁之材。

徐悲鸿求教马车夫

徐悲鸿，原名徐寿康，江苏人，是享誉中外的中国现代画家、美术教育家。一提起徐悲鸿，人们首先想到的就是徐悲鸿画的马，没错，他最擅长以马喻人、托物抒怀，并借此表达自己的爱国热情。他笔下的马精神抖擞、豪气勃发，堪称"一洗万古凡马空"。

早在1943年，徐悲鸿已是享誉中外的画家了，那一年，他在成都举办了个人画展，他的画展使成都的观众都沸腾了起来。由于画展办得很是成功，画展结束后，徐悲鸿心情很好，就和夫人廖静文租了一辆带篷的小马车，前往成都几十公里外的新都县游览桂湖。

就在去往桂湖的途中，徐悲鸿虚心地向一位马车夫学习和了解马。为他赶车的马车夫是一位和善的老人。老人他很是爱惜自己的马，马奔驰了一程，身冒热汗后，他便勒紧缰绳吆喝马放慢步子，缓缓而行一阵，但是，不久马儿会再次自动奔驰起来！于是，老人便会摇动着满头白发回过头来对徐悲鸿等人说："你看，我的这匹马虽然老了，但是，它跟人一样，还是很好强的，不愿服老。"

因经常画马，徐悲鸿对马就产生了一种特殊的感情，对马的习性更是有着较为深入的了解。听着马蹄"嘚嘚"地响，看着马儿迎风奔驰，他感到心旷神怡。正在心猿意马的徐悲鸿听到老大爷和他说话，就愉快地接腔道："老大爷，这匹马您养得真的很不错呀！您养马一定有什么诀窍吧？"

老人说："养马有一个前提就是你必须要爱马。不要只是一味

地把它当作畜生。其实它什么都懂，甚至有时候，比人还明白些。比如说，今天我一拉上了你们，马儿见到来了生意，它比我还快活呢。我就靠着这匹老马过日子，它呢，也靠着我这个糟老头子过日子，我们俩谁也离不开谁。唉！我把所有值钱的东西都卖了，就是没舍得卖掉这匹马。很多时候，即便是我自己挨饿，也要喂饱它。就算是我自己挨冻，也不能让它受冻。它要是歪着脑袋，我就立刻知道它不高兴了，我就什么都不让它做，用自己的肩膀去扛活……"

徐悲鸿被老人的肺腑之言深深地感动了，也动情地说："老大爷，您说得对，说得好！我就佩服您这样善待马的人。马是既勤劳又忠实的动物。"

老人受到称赞，话多了起来，他把萍水相逢的大师当成了可以倾诉心声的知音。于是，他敞开心扉，说起他的家人，说起战争和灾难，说起飞涨的物价，说起生活的艰难……几十公里的路程很快就要结束了，徐悲鸿依依不舍地付了车钱，伸手抚摸着马的背脊，就像与一位亲切的朋友道别似的说："谢谢你。"

随后，徐悲鸿又把一幅才画好并准备在归途中送到裱画店装裱的画送给了这位老人。老人靠在马厩的门上打开了画，那双混浊的眼睛陡然亮起来，满是皱纹的脸庞写满了笑意。廖静文担心老人不识此画的价值，便提醒和叮嘱道："老大爷，这张画的价钱可比您这趟车钱多很多啊，您可千万不要随便给人！"

"晓得，晓得。我遇到好人了……"老人一边说一边用袖口擦拭流满泪水的面颊。徐悲鸿紧紧握着老人那双粗糙得像石头一样的手，动情地连声说："老大爷，谢谢您教我识马。再见，再见。"

鲁迅不戴奖章

鲁迅，原名周树人，浙江绍兴人，字豫才，1918 年开始以鲁迅为笔名，并以鲁迅这一笔名而闻名于世。鲁迅与二弟周作人、三弟周建人，被合称为"周氏三兄弟"。

鲁迅出身于书香门第，祖父周福清是进士，曾在北京任官。父亲周伯宜是秀才。鲁迅与周恩来是同宗，他们的祖先都可以追溯到北宋理学始祖周敦颐。鲁迅的童年到少年，就是一个家境从天上跌落到地下的过程。对此鲁迅曾自述说："我幼小时候，家里还有四五十亩水田，并不很愁生计。但到我 13 岁时，我家忽而遭了一场很大的变故，几乎什么都没有了；我寄住在一个亲戚家，有时还被称为乞食者。我于是决心回家，而我的父亲又生了重病，约有一年多，死去了。"

然而，家道中落并没有影响鲁迅立志求学的决心。在鲁迅 13 岁那年，因他的祖父案发，他曾一度在其大舅父的岳父秦秋伊家中避难。秦家有丰富的藏书，这半年多的逃难生活，反而使得鲁迅如饥似渴地阅读了大量的书籍，尤其是像《红楼梦》等著名的古典小说，为他今后的写作打下了一定的基础。即便是后来，鲁迅为了给自己的父亲看病，天天奔走于当铺和药铺之间，他也丝毫没有放松自己的学习，总是想尽一切办法，利用一切可以利用的时间刻苦读书。

1902 年，鲁迅以优异的成绩考取了留学日本的公费生，赴日

本东京的弘文学院学习。后来他对医学产生疑惑,弃医从文,回国后从事文艺工作,希望通过文学来改变国民精神。

鲁迅一生写作共计600万字,其中著作约500万字,辑校和书信约100万字。他的作品包括杂文、短篇小说、评论、散文、翻译作品等。毛泽东主席评价鲁迅是伟大的文学家、思想家、革命家,中国文化革命的主将。鲁迅的成就要归功于他谦虚的求学态度,他曾说过:"不满足是向上的车轮。"

在南京江南水师学堂读书的时候,鲁迅因考试成绩优异,学校奖励给他一枚金质的奖章。和别的同学不同,鲁迅并没有拿着奖章炫耀,更没有佩戴这枚奖章,而是毅然把它拿到鼓楼大街上变卖,并用变卖所得的钱买回了几本心爱的书和一串红辣椒。

每当读书读到夜深人静、天寒体乏、困倦袭来的时候,他就摘下一只辣椒,分成几片,放在嘴里咀嚼,红辣椒辣得鲁迅额头直冒汗,眼中直流泪,嘴里直"唏嘘"。这红辣椒使得鲁迅周身发暖,困倦的睡意全无,于是他又能捧起书本继续读书了。

正是因为谦虚和勤奋,鲁迅才取得了这么大的成就。

梅兰芳求教老人

梅兰芳是中国著名的京剧大师。他的代表剧目有：京剧《贵妃醉酒》《霸王别姬》等；昆曲《思凡》《游园惊梦》。他8岁学戏，9岁正式拜吴菱仙为师学青衣，同时，还常常跟着秦稚芬、胡二庚学花旦戏，10岁便登台演出。

梅兰芳4岁丧父，12岁丧母，童年很是坎坷。但是，他刻苦学习昆曲、练习武功，广泛观摩各种角色，经过长期的舞台实践，他对京剧旦角的唱腔、念白、音乐、舞蹈、服装、化妆等各个方面都有所继承和发展，逐渐形成了自己特有的艺术风格，世称"梅派"。

作为京剧大师的梅兰芳，不仅在京剧艺术上有很深的造诣，而且还是丹青妙手。他曾拜齐白石为师，虚心地向齐白石求教，自那以后，他总是对齐白石行弟子之礼，经常为白石老人磨墨铺纸，从来不因为自己是名角而自傲。

有一次，齐白石和梅兰芳同到一户人家做客，白石老人先到了，由于他布衣布鞋，跟其他社会名流的西装革履、长袍马褂相比，未免显得有些寒酸，所以人们只是关注衣着华丽的人，丝毫没有注意到齐白石老人。

不久，梅兰芳也到了，主人高兴地上前相迎，其余宾客也都蜂拥而上，一一同他握手。可是，梅兰芳早就知道齐白石老先生也要来赴宴，于是招呼之余，便一直四下环顾，寻找老先生。忽然，他看到了被冷落在一旁的白石老人，就让开众人一只只主动伸过来的手，挤出人群，径直走向齐白石，到跟前恭恭敬敬地叫了一声"老师"，向他致意问安。

在场的人看到梅兰芳的举动都觉得很惊讶，齐白石也为梅兰芳的举动而深受感动。几天后，齐白石特地向梅兰芳馈赠了他的《雪中送炭图》，并题诗为："记得前朝享太平，布衣尊贵动公卿。如今沦落长安市，幸有梅郎识姓名。"

梅兰芳不仅拜著名的画家为师，同样也拜普通人为师。

有一次，梅兰芳在演出京剧《杀惜》时，听到在众多的喝彩叫好声中，有个老年观众一直说："不好！不好！"

演出一结束，梅兰芳顾不得演出的辛苦，来不及卸装更衣，就用专车把这位老人接到了自己的家中，恭恭敬敬地向老人请教说："说我梅兰芳不好的人，就是我梅兰芳的老师。先生说我不好，想必一定有先生的高见，请您不吝赐教，学生一定亡羊补牢、及时

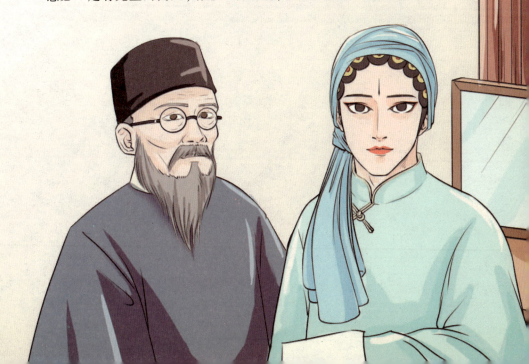

更正。"

老人见梅兰芳很是情真意切,就开诚布公地说道:"您这出戏,上楼和下楼的台步,按照梨园的规矩,应该是上七下八,先生为何是上八下八?"

梅兰芳恍然大悟,连声称谢。此后的许多年,梅兰芳一直保持着请这位老先生观看他唱戏,并帮他指正的习惯,梅兰芳也一直尊称这位老人家为"恩师"。

齐白石谦如空谷

　　同行相轻是文人的通病，自古以来就是如此。傅毅和班固两人文才相当，不分高下，然而，班固却对傅毅很是轻视，他曾在写给自己弟弟班超的信中这样说傅毅："傅武仲(傅毅)是因为能写文章才当了兰台令史的官职，(但是他)下笔千言，却不知所指。"这段话是说，但凡是人，尤其是有才能的人，总是善于看到自己的优点，尽管是"家中有一把破扫帚，也会看它价值千金"；看不清自己的毛病，却对旁人吹毛求疵。然而，誉满华夏的齐白石，在前辈画家和同辈画家面前却非常恭谨，显示了一位大师、一位长者应有的谦逊风范。

　　在七十多岁的时候，齐白石对人说："我才知道，自己不会画画。"人们齐声称赞老人的谦逊，他说："我真的不会画。"人们越发称赞，因为没有人相信他说的话。

　　有人提出，齐白石先生作画，师古而不拘于古意，主张"下笔要我有我法"，这难道不是对先辈画家的轻视与自傲吗？其实，齐白石对先辈画家的成就是万分景仰的，他尤其推崇徐渭(号青藤)、朱耷(号雪个)和吴昌硕三人。齐白石还曾赋诗说："青藤雪个远凡胎，老缶衰年别有才。我愿九泉为走狗，三家门下轮转来。"可见他对古代画家的敬重。

　　更难能可贵的是，齐白石不仅尊重古代的画家，对同时代的画家也尊重有加，他常以这样一句话来自律："勿道人之短，勿说己之

长,人骂之一笑,人誉之一笑。"齐白石喜欢画白菜,以此谦虚地把自己说成一身蔬笋气。齐白石把白菜推许为菜中之王,他以白菜肥大、嫩白、翠绿的特点入画,画出的白菜新鲜水灵、生机盎然。齐白石出身农家,画白菜,画好白菜,在他看来都是自然而然的事情。

有位画家私下里学齐白石,也画白菜,但是总觉得画得不像,最后,他忍不住去问齐白石:"画白菜到底有什么诀窍?"齐白石哈哈一笑:"你通身无一点儿蔬笋气,怎么能画得好白菜呢?"

正是这种谦逊和宽容,使得齐白石和同时代的许多画家均保持着较为深厚的友情,他们在艺术上相互取长补短、共同进步。

老舍自称"写家"

　　我们心目中的老舍先生是一位和蔼可亲的老人,一想起他,便会想起他笔下的《茶馆》和《骆驼祥子》。其实,老舍的原名并不叫老舍,而叫舒庆春,字舍予。"舍予"是老舍最常用的笔名。说起老舍的名字,还有一段故事。因为老舍生于阴历年年底,所以父母就为他取名为"庆春",暗含的是庆贺新春、前景美好的意思。等到上学识字之后,舒庆春就为自己更名为舒舍予,"舍予"是"舒"字的分拆:舍,舍弃;予,我。含有"舍弃自我",暗含"忘我"的意思。可见,识字不久的老舍就有谦让、舍我的品格。

　　就是这样一位中国现代著名的小说家、文学家、戏剧家,却有着贫苦的童年生活。老舍原是满族正红旗人,他的父亲是一名满族的护军,在八国联军攻打北京城的时候阵亡。八国联军攻入北京后,老舍的家也曾遭到意大利军人劫掠,当时,刚刚过完一岁生日的老舍,因为一个倒扣在自己身上的箱子而幸免于难。

　　父亲去世后,老舍与母亲相依为命。母亲靠替人洗衣裳、做活计等零工来维持一家人的生活,日子过得很清贫。但是,正是这一段大杂院里的童年生活,为老舍以后写作平民生活和创作话剧打下了坚实的生活基础。不管是车夫、手工业者、小商贩、下等艺人、娼妓等挣扎在社会底层的城市贫民,还是他们生活中的喜怒哀乐和市井里巷的传统艺术,都已经在老舍的心里埋下了创作的种子。

老舍9岁的时候,满族的一位贵族资助他入私塾读书。争气的老舍最终考入京师第三中学。然而,由于家境实在贫寒,数月后,他又因经济困难而不得不退学回家。回家后的老舍反而更加努力学习,因为他立志要报考北京师范学校的公费生。一年不到,老舍就考取了公费的北京师范学校。之后,求学与写作生涯像鸟儿插上了翅膀一样在老舍的生命中翱翔起来。

多年以后,老舍先生的儿子,原中国现代文学馆馆长、现中央文史研究馆馆员舒乙先生,在一次接受记者采访时透露,虽然外界一直称自己的父亲老舍为"人民艺术家",但是,父亲却从不敢称自己为"作家",而只是谦称自己为"写家"。事情是这样的:

一次,老舍家里来了很多青年人,他们都是前来请教老舍如何写诗的。老舍说:"我不会写诗,只会瞎凑。"于是,大家提议,请老舍先生当场给大家"瞎凑"一首。"大雨洗星海,长虹万籁天;冰莹成舍我,碧野林风眠。"老舍当即随口吟出了这首别致的五言绝句。不过寥寥20字,就把当时8位人们熟悉并广为称道的文艺家的名字"瞎凑"在了一起,形象鲜明,意境开阔,余味无穷,青年们听了,无不赞叹叫绝。老舍谦虚地说:"这些都是名家,我与他们相比,最多是位写家罢了。"

老舍先生笔耕不辍,对我国的文学艺术事业贡献颇丰,然而,在面对成就的时候,他却能以"写家"两个字总结,他谦虚的态度非常人所能及。

彭德怀的谦虚作风

彭德怀元帅和大多数中国共产党著名军事将领一样，出身都很贫苦。他8岁辍学，幼小的他每天都要上山砍柴，然后用砍来的柴到集市上换米，维持生计。

一年除夕夜，家中半点儿余粮也没有，祖母心疼孩子，就叫彭德怀和弟弟彭金华去有钱人家讨些吃的。谁知，年幼的彭德怀宁愿饿肚子也不说自己是招财童子。

懂事不久，彭德怀就在早死的娘的墓碑前种下了一棵苦楝树。家乡人看他不栽松树，不栽柏树，偏偏栽了一棵苦楝树，就感叹道："这是苦娘苦伢栽苦树，悼娘还悼受苦人啊！"是的，后来，他常常挂在嘴边来教育后人的一句话就是："要保持劳动人民的本色，一日三省吾身。"

"大雪压青松，青松挺且直。"正是年少时的穷苦经历，致使后来功勋卓著的彭德怀元帅始终保持着谦虚谨慎、不事张扬的作风。

1949年10月1日，乌鲁木齐数万名群众拥上街头，欢庆解放。当时，彭德怀在场，当他看到自己的画像被群众抬得高高的，在街上游行的时候，就很严肃地对身边工作人员说："胜利来了，要警惕'万岁'的口号，首先应该归功于人民，归功于祖国！胜利，是人民的胜利、国家的胜利！要知道，一个阿谀奉承的傻瓜带来的危害，将比一百个敌人还要多得多！"他一边说着，一边大步流星迎上前去，把自己的画像扯了下来。

顿时，人群中千百双疑惑的眼光纷纷投向了彭德怀，彭元帅提高嗓音，激动地对大家说："同志们，同胞们，请不要举我的画像，应该举起的是我们的红旗！"群众被他的谦虚感动，一片欢呼！

抗美援朝的时候，彭德怀曾担任中国人民志愿军司令员兼政治委员。一次，有一位记者到他所在的指挥部去采访，想写一篇他指挥作战的稿子，不料吃了个闭门羹。彭司令满怀深情地说："你们还是到前线去写写那些冲锋陷阵、浴血拼搏的官兵们吧！采访我做什么！"

随着朝鲜战争取得了一次又一次的胜利，一天，一位文艺工作者为了歌颂彭德怀的英勇善战，就构思了一首歌：《彭德怀将军之歌》。这件事情被彭德怀知道以后，他什么话也没说，要过笔来，就对歌词进行了改动，大家一看，原来的《彭德怀将军之歌》瞬间变成了《战士之歌》。他语重心长地告诉这位文艺小战士："真正的功勋者是那些战士们，是他们用枪炮消灭了敌人。当然，我为战斗的胜利也作出了贡献。相比之下，还是战士们的功勋大啊！你去写他们吧！写一首优秀的《战士之歌》吧！"

在彭德怀的心里，真正值得采访的是千千万万个无名战士，而不是他这个排兵布阵、"纸上谈兵"的司令。他谦虚的品质又一次感动了人们。

不仅如此，彭德怀还常常以谦虚的美德教育自己的后代。彭德怀没有自己亲生的孩子，新中国成立之后，他把两个革命烈士的孩子接到北京，用自己的工资资助他们读书。同时，他还把黄公略烈

士的女儿黄岁新、左权烈士的女儿左太北视如己出，资助她们读书、生活。可以说，彭德怀无小家而有大家。他用自己谦虚的彭门家风影响和教育着他的众多孩子们。

季羡林称自己"国学小师"都不够

季羡林是享誉中外的国学大师、东方学大师、语言学家、文学家、佛学家、史学家、教育家和社会活动家。他精通七国语言，是北京大学唯一的终身教授。人们称他是国学大师、学界泰斗、国宝，而他在生前却三番五次辞掉这些称号，他一直坚持："叫我北大教授、东方学者，足够了。"

季羡林是农民的儿子，从小家里没有一本书可读，他的叔父看他求知心切，决定赞助他上学，从此，他的命运有了转折。季羡林用实际行动证明了叔父的资助是多么正确，他以绝对优异的成绩，同时考上了清华大学和北京大学两所名校，最终为了能够出国深造，他选择了清华大学。

和许多同时代的孩子一样，季羡林是家人做主包办的婚姻，然而，在离家求学十余年中，他一直跟结发妻子相濡以沫。

给季先生做了长达几十年秘书工作的李玉洁说，季老吃馒头、炒菜时，总是速度很快，但是，吃饺子或面条的时候，吃的速度相对就要慢一些。一个细小的习惯，就能勾起历历在目的往事。那是因为季羡林先生幼年时就离开自己的父母，寄居在同样贫困的亲戚家，每逢上桌吃饭，都是小季羡林最尴尬难熬的时刻，他不愿意总是往自己的碗里摭菜，所以就吃得特别快，盼着赶紧吃完离开，不给主人添太多麻烦。

季羡林一生培养了6000名弟子，其中，有30人成为驻外大

使。然而,取得如此成就,作为享誉国内外的学术大师的季老却没有半点儿架子和派头。

在北大的校园里,季老经常穿一身洗得发白的卡其布中山装,圆口布鞋,出门的时候,提的是一个20世纪50年代时生产的人造革旧书包。稍不注意,你一定会误认为他是一位普普通通的工人。也许很多人还不知道,多年来,季老一直保持着这样的习惯:他的家谁都可以推门而入,而且无论是谁,同他谈话都绝不会有任何的紧张、局促,因为他始终会面带微笑,语言平实,平易近人。

有一天,一位年轻护士说起某报正在连载季先生的《留德十年》,表示很爱看。季先生马上把李玉洁找来,吩咐叫人去买,说:"书是给人看的,哪怕有几句话对年轻人有用了,也值得。"这样一来全医院都轰动了,大家纷纷索要签名。"都给。""买去。"季先生发话说:"钱是有价之宝,人家有收益是无价之宝。"最后,正在住院治疗的季老先生,一趟一趟地一共买了600本《留德十年》,季先生一笔一画地签名600个。

人们常常感叹季老先生的成就,每当此时,他经常说的一句话就是:"如果我有优点,我只讲勤奋。"他总是说:"工作是我的第一需要。"

无论是面对谁,他都是用最"真"的一面,十分谦虚。就拿"国学大师"这个桂冠来说吧,季老曾不止一次地昭告天下:"请从我头顶上把'国学大师'的桂冠摘下来。"他解释,自己曾经参加过北大的一个谈论国学的会议,之后便被称为"国学大师"了,其实,在他的朋友中,国学基础胜于自己的大有人在,戴上这一顶桂冠,浑身直起鸡皮疙瘩。对于自己独占"国学大师"的尊号,季老常称:"岂不折杀老身!"他甚至还戏言,自己连"国学小师"都不够。在中国传统文化,包括诗词歌赋方面都具颇高造诣,特别是在"天人合一"这一哲学论点上有着自己独到见解的季老,实在是太谦虚了。不仅如此,对于"学界泰斗"的桂冠,季老也同样昭告天下:"请从我头顶上把'学界(术)泰斗'的桂冠摘下来。"

陈景润称自己只是翻过了"小山包"

　　提起陈景润这个名字,想必大家立刻会想起"哥德巴赫猜想"。没错,他就是安居于 6 平方米小屋,借一盏昏暗的煤油灯,伏在床板上,用一支笔演算了 6 麻袋的草稿纸,最终攻克了世界著名数学难题"哥德巴赫猜想"中的"1+2"的数学家。作为国际知名的大数学家,陈景润深受人们的敬重。但是,他并没有因此而产生骄傲自满的情绪,而是把功劳都归于祖国和人民。

　　1977 年的一天,陈景润收到一封国外的来信,这封信来自国际数学家联合会主席,信件的内容是邀请他出席国际数学家大会。这次数学大会有近 3000 人参加,参加者无不是世界顶级数学家。这次大会上共指定 10 位数学家作学术报告,陈景润就是其中之一。对于一位数学家而言,这是多么大的荣誉,这对提高陈景润的国际声望大有好处。然而,陈景润并没有得意忘形、擅作主张,而是立即向研究所党支部作了汇报,请求指示。党支部把这一情况上报科学院,科学院的党组织对这个问题比较慎重,因为当时中国在国际数学家联合会的席位,一直被台湾省占据着。不久,院领导将参会与否的决定权给了陈景润:"你是数学家,党组织尊重你个人的意见,你可以自己给他回信。"

　　经过慎重考虑,陈景润最终放弃了这次难得的机会。他在答复国际数学家联合会主席的信中这样写道:"第一,我们国家历来很重视跟世界各国发展学术交流与友好关系,我个人也非常感谢国

际数学家联合会主席的邀请。第二，世界只有一个中国，唯一能代表中国广大人民利益的是中华人民共和国，台湾是中华人民共和国不可分割的一部分。因为目前台湾占据国际数学家联合会我国的席位，所以，我不能出席。第三，如果中国只有一个代表的话，我是可以考虑参加这次会议的。"

1979 年，陈景润应美国普林斯顿高级研究所的邀请去美国作短期的研究访问工作。普林斯顿研究所的条件非常好，为了充分利用这样好的条件，陈景润像海绵一样挤出一切可以节省的时间，拼命工作，经常是连午饭也不回住处吃。有时候，他外出参加会议，旅馆里嘈杂，他便躲进卫生间继续工作。由于他的刻苦努力，在美国短短的五个月里，除了开会、讲学，他完成了论文《算术级数中的最小素数》，一下子把最小素数从原来的 80 推进到 16。这一研究成果是当时世界上最先进的。

在美国这样物质比较发达的国家，陈景润依旧保持着他在国内时的节俭作风。他每个月从研究所可获得 2000 美金的报酬，可以说是相当丰厚了。但是，每天中午他都不会去研究所条件很好的餐厅就餐，而是吃自己带去的干粮和水果。他是如此的节俭，以至于在美国生活的五个月，除去房租、水电费花去 1800 美元外，他的伙食费等只有 700 美元。回国时，他一共节余了 7500 美元。

要知道，在当时，这笔钱可不是个小数目，他完全可以像其他人一样，从国外买回些高档家电等，但是，他把这笔钱全部上交给了祖国。用他自己的话说："我们的国家还不富裕，我不能只想着自

99

己享乐。"

　　陈景润就是这样一个谦虚、正直的人，尽管他已功成名就，然而他并没有骄傲自满，他一直挂在口边的是："在科学的道路上我只是翻过了一个小山包，真正的高峰还没有攀上去，还要继续努力。"

陈毅让房傅作义

提起陈毅元帅，大家都佩服他的英勇善战。很少有人知道，陈毅原来并不叫陈毅，这个名字是他18岁时给自己起的。

曾子有一句名言："士不可以不弘毅，任重而道远。"说的是，一个真正有梦想的人不可以不刚强坚毅，因为他必定要肩负重任，任重而道远。几千年来，曾子的名言激励了无数的仁人志士，同样，也激励着陈毅。那年，他18岁，赴法国勤工俭学。一天，当他读到曾子"士不可不弘毅"时，热血沸腾。他想，要推翻压在中国人民头上的"三座大山"，任重而道远，必须要有足够的毅(毅力)。于是，他当机立断，改名陈毅。他考取留法勤工俭学的红榜上即署名"陈毅"。正是这个"毅"字，支撑着他走过枪林弹雨。然而，坚毅的陈毅深知"刚者易折"的道理，生活中的他很是谦虚谨慎。

1949年9月的一天，陈毅到北京参加政协会议。一下车，他就忙着去会客，他的警卫员则先来到下榻的老北京饭店。小伙子一走进陈设豪华的大客房，心里就想：我们首长到上海已经半年多了，整日忙于奔波，这次终于能够在这么好的大客房里安安逸逸地住上一阵子了，真是太美了！

警卫员手脚麻利地刚把东西安顿好，没想到陈毅还没进门就朝他喊道："小鬼，收拾东西，搬家！"话还没说完，他自己就先动手搬起了东西。

"搬哪儿去？"

"搬进中南海。那儿可是皇帝住过的地方呢！"陈毅打趣地说。

警卫员只好听从安排，心里想着皇帝住过的地方，肯定也不差。

不一会儿，车子就进入了中南海，拐了几个弯，便停在了一排陈旧的小平房前。原来，这是多年未曾修缮过的老房子。屋顶虽是黄色琉璃瓦，但是，屋子里面的陈设都极其简单，一眼就将屋里的陈设尽收眼底：一张大床，一张旧木桌，两把放不平的椅子，一盏昏黄的电灯。不要说热水龙头，连凉水也要跑好远去担呢。

警卫员一边用军用被铺床，一边忍不住好奇地问："您把房间让给哪位首长了？"

陈毅正在洗脚，漫不经心地回答："让给傅作义了。"

"他是哪个野战军的首长？"

"他是国民党的高级将领，也是来参加政协会议的，没地方住了。"

"什么？房子让给他？"警卫员费解地喊了起来。

"你这个蠢人，"陈毅憋着笑骂他，"他光荣起义，使北平和平解放，贡献比你大多了！再说，人家在国民党那边，住惯了高楼洋房，叫他睡平房，他会觉得咱们共产党不地道，心里会不舒服的！我陈毅就不同了，别说是不住大饭店住平房，不睡弹簧床睡板床，就是拿捆稻草睡地板，我也是一样工作、一样打呼嘛！"

后来，陈毅还代表上海市赠送给傅作义将军两辆名牌小汽车。

陈毅让房、赠车这两件事传出去后，部队反响很大。很多同志写信给陈毅，内容大同小异，都是对优待傅作义想不通。

　　陈毅当机立断，立刻召集了领导干部会议，人还没站到台上，他就"骂"开了："同志们，老兄弟们，我陈毅怎么讲你们才懂啊！我陈毅不住北京饭店，照样上班、照样骂人！傅先生可不一样呢！你们知道不，他到电台讲半个小时，长沙就起义了两个军！为我们减少了多少伤亡，你们算算，让傅先生住北京饭店、坐小汽车，他就会感到共产党是真心对朋友的。你们呢？我把北京饭店让给你们，再送十部小汽车，你们有谁能让两个军起义？"

　　看着众人垂头丧气的样子，陈毅的火出完了，"噗嗤"一笑，转而又心平气和地对大家说："我们是共产党员，要有太平洋那样宽广的胸怀和气量！可不能长一副周瑜的细肚肠噢！依我看，要想把中国的事办好，还是那句老话，团结的朋友越多，就越有希望。"

　　陈毅一番话，表现的是他宽广的胸怀，在场的人们恍然大悟，深受教育。

孙犁谦虚写作

谁能想到作为"荷花淀派"宗师的孙犁却很是害怕照相，这是怎么回事呢？原来，孙犁从来不喜欢出席各种热闹的场合，他深居简出，因此，人们很少见过新闻报道中出现孙犁的名字，因为他拒不出席各类活动。他在忙着做什么呢？原来他整天躲在家里写东西，频频地发表作品。

孙犁一生笔耕不辍，他是解放区文艺最具代表性的作家之一，他用他众多的经典性作品来描绘抗日战争、解放战争时期的一个个画面，得到大家的好评。新中国成立后，孙犁的文学创作继续取得了长足的进展，他成了新中国文学史上极负盛名的小说、散文大家。在改革开放的新时期，孙犁的文学创作迎来了第二春，他的作品以思想的深邃，文体的创新，艺术风格的鲜明和炉火纯青，在国内外产生了广泛的影响。

即便是垂垂老矣，孙犁仍铸造了他人生道路上的最后的辉煌，他的文章越写越短，日积月累，竟然写了 10 本书。其实，这是中国优秀老作家的共同特点，巴金如此，冰心如此，萧乾如此，孙犁也是如此。

然而，大家更想不到的是，独具创作风格，文字功夫"炉火纯青"的孙犁，却经常谦虚地采纳报刊编辑的修改意见。

有一次，他的文章被一位年轻的报刊编辑一口气删去了二三百字。孙老不但没有提出任何异议，反而虚心地研究为什么文字会

被删去。

　　其实，这是孙犁一直保持的一个习惯，文章在收进集子的时候，他会经常先采纳编辑的修改意见。他曾说过："文章一事，不胫而走，印出之后，追悔甚难，自己多加修改，固是防过之一途；编辑把关，也是难得的匡助。"

　　孙犁不仅虚心

采纳编辑的意见,甚至还把文章功劳的大半归功于编辑。这种可钦可敬的谦虚精神体现了他做人做文的一贯态度。

正是这种谦虚精神,一直伴随着他的写作生涯,使得他能从一个普通的乡村小学教员成长为一个自成高格的大作家。

蔡元培"谦虚是一种涵养"

　　任何一位大师的诞生都不是偶然的,蔡元培更是如此。少年的他就在绍兴古越藏书楼校书,博览群书为他今后的成功打下了坚实的基础。

　　蔡元培先生有着这样一段逸事:一次,要在伦敦举行中国名画展,组委会便派人去南京、上海监督并选取博物院的一些名画,当时,蔡先生与林语堂都参与其事。可以说,他们对选送的每幅画都倾注了心血,对每幅画的情况当然也是了如指掌。

　　在他们的努力之下,画展如期举行。他们俩也兴奋地去观看自己的劳动成果。在画展上,他们碰到了法国的汉学家伯希和。伯希和一向认为自己是个中国通,对中国文化,包括中国的绘画都有较为深入的研究,于是,便在巡视观览时滔滔不绝,不能自已。

　　不仅如此,为了表示自己是个专家,伯希和还不时地对蔡先生说"这张宋画绢色不错","那张徽宗鹅无疑是真品"以及墨色、印章如何如何等。

　　林语堂一直站在蔡元培的身边,很是注意观察蔡先生的表情,他发现蔡先生脸上一直都没表示出任何赞同或反对意见,只是客气地低声说:"是的,是的。"一脸平淡冷静的样子。

　　就这样,伯希和一幅一幅地评论,一幅一幅地表现,久而久之,他似乎若有所悟,发现蔡先生一直闭口不言,心里不禁泛起嘀咕,是不是自己的言语有些太过分了。也许,伯希和是从蔡元培的表情

和举止上发现自己不应该这么自以为是、骄傲自满了吧。

后来，林语堂在谈到蔡元培先生时还就伯希和一事感叹，他说："这是中国人的谦虚和涵养反衬出外国人卖弄与浅薄的一幅绝妙图画。"并且他认为，正是蔡元培的谦虚给伯希和好好地上了一课。

蔡先生用自身的谦虚给伯希和和每一个骄傲自大的人上了一课。在人际交往中，不要处处以自身的交际优势而自居，而是应该不与对方针锋相对，时时处处表现出谦虚恭敬的美德，时时刻刻把自己放在与对方对等的位置上来思考问题，甚至甘居下位，只有这样，才能博得对方的敬重，赢得对方的好感。

沈从文虚心接受批评

　　我国现代著名作家沈从文是湖南省凤凰县一位地地道道的农民的儿子。他之所以能够取得人生的成功,归根结底是因为他总是能够虚心地接受他人的意见和建议。

　　在沈从文很小的时候,他就特别喜欢看木偶戏,并且还常常因为看戏入迷而耽误读书。

　　一天上午,沈从文又悄悄地从课堂上溜了出来,独自跑到村里看戏,那天,木偶戏演的正是他最爱看的《孙悟空过火焰山》。沈从文看得眉飞色舞,捧腹大笑,直到太阳落山,他才恋恋不舍地回到学校。回来一看,他的同学早就已经放学回家了。

　　第二天,沈从文刚进校门,他的老师就严厉地责问他为什么旷课。他羞红着脸,支支吾吾回答不上来。老师气得罚他跪在树下,大声训斥:"你看,这楠木树天天往上长,而你却偏偏不思上进,甘愿做一个没出息的矮子。"

　　过了一天,老师又把他叫去,对他说:"大家都在用功读书,你却偷偷溜出去看戏。昨天,我虽然羞辱了你,可是你要知道,我都是为了你好。一个人只有尊重自己,才能得到别人的尊重。"

　　老师的一番话使沈从文感动得流下了眼泪。他暗暗发誓,一定要谨记这次教训,努力做一个受人尊重的人。因为这次教训,沈从文从此一直严格要求自己。

　　在沈从文14岁的时候,因为家中困难,他便投身军队。在部

队的 6 年,他随军驻防,足迹遍及川、湘、黔三省各界及淮河流域,饱览了"人生这本大书"。杀戮、死亡,沈从文从中体验了社会生活中各个阶层、形形色色的人。

1922 年,20 岁的沈从文毅然决定离开军队,独自前往北平去追寻他的文学梦。这位湘西青年在北平的日子很是艰辛,在失业、贫穷和世人的讥讽中,他始终不改对文学之梦的追寻。他在北京大学旁听,在京师图书馆自学,在"窄而霉"的公寓中写作,最终,他的才华被世人赏识,他的小说和散文使读者兴奋不已,他的《边城》蜚声中外。

可是新中国成立后,这位从湘西小兵成长起来的大作家遇到了麻烦。他的作品在某些"左"派理论家的眼中成了"不合时宜",他本人也被称作"清客文丐""地主阶级的弄臣"。那段日子是沈从文一生当中最无所适从的日子，不被人们理解、不被大家认同、不被众人接纳的他陷入了极度的恐惧之中。在恐惧之中，他整日足不出户，还曾想过以结束生命来消除痛苦。

精神上的劫难并没有压垮沈从文，他努力让自己的心灵渐渐恢复了平静。他听取亲友的劝告，决定暂时告别文坛，到历史博物馆整理文物。他告别文坛的消息刚一传出，就引来很多争议和惋惜，要知道，沈从文是大师级的文学家，要他放下他曾创造的鲜活艺术形象，是多么的悲哀。

沈从文却从不做解释，面对质疑，只是一味地报之以微笑。其实，沈从文又何曾想离文坛而去！他的近半个世纪都是活在自己的作品中的。他之所以告别文学，实在是因为当时的社会环境不允许，他是不得已的。

沈从文从来不抱怨，他无法改变当时的现状，只能改变自己的生存状态，就是以谦虚的态度寻找新的人生出路。

最终，他还是来到了历史博物馆，开始的工作仅仅是一种枯燥的简单劳作，为文物写标签这种不用脑的活计沈从文干得安之若素、心如止水。渐渐地，他开始从历史遗留下来的金石、陶瓷中找到了乐趣，进而发现了他后半生的意义。从此，他便沉浸在金石瓷器等文物之中，仿佛那里的一块石头、一块泥土，或者是铜、玉、竹木、牙角里，都渐渐地注入了他的生命。

每天早上，沈从文都是第一个来到博物馆的人，即使是三九严寒，也是一如既往。他穿着一件灰布棉袄，躲在一个可以避风的地方,一面跺脚,一面将一块刚刚新鲜出炉的烤白薯翻腾在两手间,一边取暖,一边与博物馆的警卫聊天,不放过任何一次了解博物馆情况的机会。

一旦进入博物馆,沈从文便沉浸在那成千上万的文物中,从一点一线、一履一节之间,感知中华民族悠久丰富的历史文化,无言而静止的文物重新点燃了沈从文的生命之火。

罗荣桓低调做人

被授予中华人民共和国元帅军衔和一级八一勋章、一级独立勋章、一级解放勋章的罗荣桓一生埋头苦干，从不抛头露面。

1955年，在中国人民解放军第一次授衔的时候，罗荣桓被授予中华人民共和国元帅军衔和一级八一勋章、一级独立勋章、一级解放勋章。然而，当时的罗荣桓却谦虚地说："我是总政治部主任，给我授予元帅军衔，这主要是党中央和人民给予我们军队政治工作者的崇高荣誉。"

从井冈山走出去的五位元帅中，罗荣桓是最早上山的人。早在1927年，他就参加了毛泽东领导的秋收起义，随部队上了井冈山，在三湾改编后，他先后担任了特务连党代表、三十一团党代表、纵队党代表，是名副其实的红军中最早最优秀的党代表之一。他领导的队伍，也被誉为拖不垮、打不烂的"红色铁军"。

"革命友谊重山河，首长关怀暖心窝；帅府门前客不断，单车倒比汽车多。"这是一位在外地工作的同志到北京看望罗帅后有感而作的一首小诗，它着实说出了众人的心声。正是罗荣桓一贯谦虚谨慎、善待他人的长者风范打动了人心。

罗荣桓常说："政治部要成为干部的家，使干部来了感到温暖。不要阎王爷开店，小鬼不敢上门。"他总是教育家中的人、身边的工作人员要热情接待每一个来访的同志。只要接到电话，他就会让夫人林月琴或秘书到门口去等来访的人。

有一次,林月琴看天色已晚,又顾虑到罗荣桓的身体,就叫打电话的人明天再来。罗荣桓知道后就对夫人说:"这样不好,过去在山沟里打游击,什么时候要见就什么时候见,现在有病就不能见了吗?人家来看我,能谈多少就谈多少,不能谈,见见面也好嘛!"

林月琴还清晰地记得,1957年,某省的一位女同志来访,因为她的丈夫被打成"右派",她的单位也要开除她的党籍。罗荣桓热情地与她交谈,并让林月琴安排她住下,亲自过问了此事,保留住了她的党籍,使得她能够很快就重返工作岗位。

罗荣桓一再强调:"对人的处理要慎重,一定要坚持实事求是。老干部是我党的宝贵财富,要爱护他们的政治生命,关心他们的生活福利,在他们身上体现出党的温暖。"对已故的老战友的家属及烈士子女,罗荣桓总是以最大的热情关心他们的生活和成长。罗荣桓时时挂念在辽沈战役中牺牲的朱瑞的子女,1960年,他还交代林月琴一定要把朱瑞的孩子接到北戴河和自己的孩子一起度暑假。

罗荣桓总是把自己看成一名普普通通的群众,他对领导干部警卫森严、和群众隔绝的做法很不赞成。

一次,罗荣桓从汉口乘船到南京,上船后发现所在的船舱整层只有他和几个随行人员。经了解才知道,原来是警卫部门同售票处打过招呼,这层的票就没有再卖给别人。他知道后特别生气:"我看你们搞警卫工作的恨不得把我们锁进保险柜里。我们接近群众有什么不可以?"

罗荣桓出外视察,也从来都是轻车简从,他非常反对前呼后

拥、迎来送往的习气。

　　一次，他乘坐飞机去外地，刚刚走出舱门，就看到黑压压的一群人来迎接他，他很生气地对当地的几位负责人说："以后，你们再来这么多人，我就不下飞机，原机飞回去。"

申请降衔的将军许光达

　　戎马一生，战功赫赫，又清廉一生的大将军许光达，却有一个雷人的外号——"光蛋"。有人评价他说："五百年前，大将徐达，二度平西，智勇冠中州；五百年后，大将许光达，几番让衔，英名天下扬！"不仅如此，许光达将军在共和国开国十位大将中还是最年轻的一位。1955年，他被授予大将军衔时还不满47岁。但是，他却几次三番申请让出将军的头衔。

　　许光达1925年就加入了中国共产党，从1927年南昌起义开始到新中国的成立，他立下的战功不胜枚举。新中国刚成立的时候，毛泽东、周恩来就亲自点将，并受命他组建我军装甲部队，任装甲兵司令员。白手起家的他，带领部队励精图治，很快就组建起了一支年轻而强大的装甲兵部队，被称誉为"中国装甲兵之父"。

　　1955年，中国人民解放军要实行军衔制了。得知党中央、中央军委决定授予他大将军衔时，许光达不但没有欣喜，反而深感不安。他对家人说："几十年的风风雨雨，多年和我并肩作战的战友以及更多叫不出姓名的战友都牺牲了，我这个幸存者今天已经得到很高的荣誉了，真是'一将功成万骨枯'啊！"

　　他曾经几次找到长期领导过他的贺龙等老首长"走后门"，提出降衔申请，但均未获得同意。无奈之下，他几经思考，又提笔给毛主席和中央军委各位副主席写了一份情真意切的"降衔申请书"。

　　军委毛主席、各位副主席：

　　　　授我以大将衔的消息，我已获悉。这些天，此事小榇似的

不停地敲击我的心鼓，我感谢主席和军委领导对我的高度器重。高兴之余，惶惶难安。我扪心自问：论德、才、资、功，我佩戴四星，心安神静吗？此次，是按新民主主义革命时期的功绩授衔。我回顾自身历史，1925年参加革命，战绩平平。1932年至1937年，在苏联疗伤学习，对中国革命毫无建树。而这一时期正是中国革命最艰难困苦的时期：蒋匪军数次血腥的大"围剿"，三个方面军被迫作战略性转移。战友们在敌人层层包围下，艰苦奋战，吃树皮草根，献出鲜血和生命；我坐在窗明几净的房间里喝牛奶、吃面包。自苏联返回后，有几年是在后方。在中国人民解放军的行列里，在中国革命的事业中，我究竟为党、为人民做了些什么？

我对中国革命的贡献，实事求是地说，是微不足道的。不要说与大将们比心中有愧，与一些年资较深的上将比，也自愧不如……

为了心安，为了公正，我曾向贺副主席面请降衔。现在我诚恳、慎重地向主席、各位副主席申请：授我上将衔，另授功勋卓著者以大将。

然而，中央军委并没有同意许光达的请求，为此，他更是如坐针毡，内心很是不安，就整日和妻子商量该怎么办。妻子看他这个样子，就建议他请求降低行政级别，以区别于其他大将。许光达恍然大悟，立刻给中央军委打报告，要求行政降一级，这一次，报告被批准了。就这样，我国十位大将中，其他九位都是行政四级，唯独许光达是行政五级。

陈永康不耻下问

陈永康，上海远洋运输公司的高级船长，是一名优秀的共产党员。他 1970 年进公司，刚开始的时候，只是一名名不见经传的水手，经过数年的"持之以恒"和"心血凝练"，终于在 1978 年开始担任船长。水手出身的陈永康学历并不高，他的"成才"完全靠的是"自学"，他今天事业的成功与辉煌，离不开他虚心求教的品格。

陈永康出生于上海郊区的农村，家境十分贫困，仅仅读到高小就不得不辍学务农，当时，他在生产队当一名拨弄算盘珠的会计。然而他的志向抱负是远大的，他的勤奋工作和对知识的追求是感人的。

1970 年，命运开始垂青这位有志青年。经过组织挑选，他被录取进了上海远洋公司，那年，陈永康才 21 岁。但是，出乎陈永康意料的是，他被安排去当一名厨工。陈永康原本更希望自己能当一名乘风破浪的水手，他强健的身体更适应这项工作，他对学习的渴求之心也让他希望在航海技术上有所钻研。还好，公司人事部门尊重和理解了他的请求。这样，他终于如愿以偿成为一名远洋轮的水手。上船后，他便埋头工作，勤奋自学。他善于琢磨，长于思索，敢于提问，向能者学，向书本学，在实践中不断提高。

1973 年，陈永康获得了一个学习的极好机会。公司安排他到厦门集美海校航海专业学习。他感谢领导对他的信任，决心加倍努力，"一寸光阴一寸金，寸金换得知识归"，以优异成绩回报公司。在集美海校，他几乎将全部时间都用来学习。他知道自己的学习底子薄，所以比别人更发愤努力，上课认真学习，晚上加班自学。他的朴实干劲和刻苦精神为老师和同学们所称道。陈永康终于以优异成绩毕业。

回船以后，陈永康将所学知识融于船舶实践，并在实践中不断提高，常常是别人睡觉了，他仍挑灯夜战，辛勤耕耘在知识的田园。陈永康自学成才的经验曾被上海一家颇有影响的报刊《生活周刊》以较大篇幅予以介绍。陈永康曾作为三副跟随贝汉廷船长接船，任大副时与王继东船长搭档，任实习船长时跟金忠明船长实习。这三位老船长精湛的航海业务和对事业的执着追求，潜移默化地影响着陈永康。陈永康不仅从中学到了"立业"的技术，更学到了"为人"的准则，使他一生受益不尽。

作为公司的高级船长，陈永康并没有因此而放松学习航海知识，提高航海和船舶营运管理的本领。平时，他给自己规定了学习时间和学习任务，又把自己学到的东西再传授给年轻的驾驶员。他还经常虚心地向年轻人学习理论知识，取他人之长补自己之短；组织驾驶员共同探讨航海技术。

2004年11月，受公司的指派，陈永康登上中远集运美西线"COSCO SEATTLE"轮，进行为期一个航次的学习考察。这是一艘7488TEU第六代大型集装箱船，由德国 E.R.SCHIFFAHRT 公司负责管理。陈永康十分珍惜这次随船学习考察机会，虚心学习。在与国外同行共事交流中，他认真学习国外公司先进的船舶管理理念

和管理技术,进一步熟悉 ISM 规则(《国际船舶安全运营和防止污染管理规则》)在船舶中的实际运用,了解大功率柴油机的新型设计和许多新设备、新仪器在船上的应用,特别是关注超大型船舶操纵,为今后自己操纵超大型船舶打下坚实的基础。

肩负着公司的重托,陈永康带队到日本接 5800 箱位的中远厦门轮。新接船,尤其接这种大型现代化集装箱船舶是一项特别繁杂的工程,工作量很大,对船长的技术、知识和敬业精神要求更高。接船各项工作千头万绪,对船舶的质量要把关,要新建各项规章制度,要保证今后船舶的安全运营,其辛苦自不待言。面对这一艰巨任务,陈船长凭着自己严谨的工作作风和责任感,凭着自己日积月累的航海经验和娴熟的技术,带领船员们一头扎在工作中。全船团结协作,钻研技术,熟悉设备,提高操作技能。陈船长和大家一起每天上船,认真检查船舶的各种机械设备,助航仪器的工艺和质量;了解各种机器润滑油、燃油品牌,测量存油数量;认真参加试航,熟悉各种设备的操作程序。在检查熟悉设备时,陈船长发现三十多个项目存在缺陷,及时向日方提出,并得到解决。

事后,陈船长还将自己在接船时的经验和感受写成文字,以电文形式发给同类型船舶中远大连轮船长,供他们接船时参考。这里不妨摘录部分电文:船厂码头最大水尺前后均为 7 米;通过海峡高架电缆线 50 米,水尺应调整到 9.5 米,C 站天线、中高频天线均应放下才能安全通过;以最快速度调整压载水,平均每小时约 550 吨,要提前熟悉管系,按照操作程序,大约需要 3 小时;通常都是上午交船，中午立即开船；离开码头时由船厂的 DOCK-MASTER 操纵船舶，有 4 艘拖轮协助，到船厂边锚地抛锚；船方一定要坚持备妥四机一炉、侧推、舵机，并且进行操纵试验；水尺调整到 9.5 米要看水道的流速，最好考虑白天通过狭窄水道……

甘当配角的李文华

相声大师李文华一生专事捧哏，表演相声无数，但是，他最常挂在嘴边的一句话却是："这么多年什么也没干，挺愧对大家的。"

专事捧哏的相声名家大都个性鲜明：郭启儒慈祥，赵世忠稳重，赵炎爽朗，唐杰忠厚道，李文华呢，大家都亲切地称他是个"蔫包袱"，而他自己却一直认为这是观众给他的莫大荣誉。这个貌不惊人的小老头，"蔫"里透着机灵，慢条斯理的谈吐总是出其不意地迸发出一闪一闪的幽默火花。他是当之无愧的相声大师，然而他见记者就要求："请不要报道我。"

李文华作为捧哏演员曾经与姜昆一同叱咤相声舞台，后来却因喉癌而不得不每天在家里与老伴过着平静的生活。经过治疗，已七十多岁高龄的李文华说话已不成问题。只是，他说话常人听起来会感觉很累。他说的每一个字都仿佛是从嘴里蹦出似的，而且带着沙哑的回声。即便是这样，李文华还指了指自己脖子上有如花生粒大小的一个洞，自嘲地说：

"我现在呀可不简单,能用食管发音啦。"老伴却在一旁心疼地说,老李在吃饭时是不能说话的,因为食管不能一分为二。

在台上是捧哏角色的李文华,在台下依旧发挥着在舞台上的精神。在他眼里,自己实在是微不足道,从他的嘴中人们听到的全是其他相声演员的故事,自己的故事他从未说过一字一语。

李文华对马季的印象很深:"平常单位让我们深入生活搞创作时,很多人都有完不成任务的经历,马季没有。1963 年下乡演出时,马季白天演出,晚上辅导当地学员。就是在这种情况下,他居然写出了《画像》。""马季是三句话不离相声。"

姜昆也备受李文华推崇。"近朱者赤,近墨者黑,守着勤的没有懒的。受马季影响,姜昆也把相声视为生命。团里给他个任务就能完成。"谈起好学的人,李文华总是有着说不完的话。尽管因病发音不好,但李文华的表情充分说明他在回忆往事时是那样的充满了眷恋。李文华就是这样,眼里都是周围人的优点。

李文华的老伴说,做完手术后李文华很少到外面锻炼,平时也就是在家走走。李文华自己说很想看看外面的世界是个什么样子,很想听听外面世界的声音,但是他又怕因为自己耽误了别人的时间。

不谈自己的两弹元勋朱光亚

在1994年召开的中国工程院成立暨首届院士大会上，朱光亚，这位总是皱着眉头的老先生，全票当选为中国工程院首任院长。接受任命的时候，朱光亚比谁都清楚地意识到自己肩上担子的重量。担任院长的他没敢沉浸在成功的喜悦中，他思考最多的问题就是如何最大限度地发挥集体的智慧，不辜负党、政府和科技工作者的期望。

工程院成立之初，工作条件非常艰苦，不仅没有固定的办公地点，甚至连最基础的设备都不齐全。当时的中国工程院没有食堂，朱光亚就和工作人员一起吃盒饭。冬天没有保温设备，送到的饭菜都是凉的，他二话不说，带头吃。没有午休条件，朱光亚就带领大家吃完饭接着工作。看到这架势，年轻人都很是感动。不仅如此，朱光亚院长还每每都把吃不完的剩饭剩菜包好带回家，对年轻人起到了很好的教育作用。当时的工程院，人手少、任务重、常加班，但是大家都没有任何怨言，因为有朱光亚做榜样。人们常说：朱院长都这把年纪了，还这么忘我工作，我们还有啥可说的。

就是在这样的工作和生活条件下，朱光亚以他惯有的严谨、扎实的工作作风和谦虚、团结协作的精神，不到一年时间，便完成筹建医药卫生学部，选出该学部的首批院士，其他6个学部增选第一批院士的任务。

不仅如此，在荣誉面前，朱光亚从不谈自己，只谈别人和集体。

1996年，解放军出版社策划出版"国防科技科学家传记丛书"，他是其中的必写对象之一。可是，在报请审批时，他二话不说，提笔划掉了自己的名字。在有关国防科技回忆史料的文献中，都不乏朱光亚撰写的文章，但是，字里行间，他从来都是只谈别人和集体，不谈自己。

朱光亚经常谦虚地对周围的人说："核武器研制是综合性很强的系统工程，需要多领域、高水平的科学家与科学技术人员通力协作。"在此，他特别提到钱三强、王淦昌、彭桓武、郭

永怀、何泽慧、邓稼先、程开甲、陈能宽、周光召、龙文光等专家，其实，大家都知道朱光亚在其中建立了不可磨灭的功勋。

1994年3月，全国政协八届二次会议选举全国政协委员的那天，出席会议的近2000名政协委员96%投了朱光亚的票，选举他为政协副主席。作为新中国的原子弹、氢弹科技攻关组织领导者之一，朱光亚长期很少出头露面，以至于在审读他那简短而不平凡的履历时，政协委员们都被深深震动了。当他被选为全国政协副主席后，他淡然地笑了笑说："实在是过奖了，要说做了一些工作，那都是大家做的。我个人并没有什么值得称道的地方。"

朱光亚的另一件鲜为人知的事情发生在1996年10月，朱光亚荣获了"何梁何利科学技术成就奖"，奖金为100万元港币。颁奖头一天，他对周围的同志说，自己已经决定把奖金全部捐出，作为中国工程科技奖助基金。周围的同志虽然知道朱光亚是经过认真考虑的，但还是不忍心他这么做，因为100万港币对于任何人来说，都不是一个小数目，即使存在银行，年利息少说也有10万，况且他自己的经济状况也并不宽裕。

于是，有人试探性地建议朱光亚："您实在要捐的话，要不从中拿出一部分，比如说50万，也不少了。"朱光亚一听，回答得十分平和："作为中国工程科技界的工程科技奖助基金，现在有很大一部分是由海外友好人士捐助的，如果我们也能捐献出一点儿，虽然为数不很多，也算是做一点儿工作和一分贡献。"乍听起来，原因一般，认真领会，其中的确包含了朱光亚真诚的心意和崇高的精神。尤其令人敬佩的是，在捐出了100万元港币后，朱光亚反复叮嘱周围的人,这件事千万不要张扬。因为不宣传、不张扬就是朱光亚一生的做人风格,所以在很长的一段时间里,即便是在中国工程院院士中,也很少有人知道朱光亚捐款的事情,至于在社会上,更是鲜为人知。

朱光亚是著名的科学家,同时,还担任国家领导人的职务,但是,他在中国工程院工作的几年中,始终都把自己当成一名普通科技工作者,从不搞特殊化。无论是1996年以前的租房办公,还是搬入中国科技会堂的新址,办公室条件和几位副院长都一样,许多去过他办公室的人几乎都会这样感叹:"如果不是亲眼所见,真是不能想象朱院长就是在这样的条件下办公的。"但是,朱光亚自己却从未觉得自己的条件与职务有啥不符,相反,他一如既往地严于律己,处处体谅他人的困难。

中国古代提倡立德、立功、立言,在当今的中国科技界,也应当提倡这种精神。在朱光亚身上所体现出来的这种优秀品质,是现代科学与传统美德的一种最完美的结合。朱光亚是我国老一辈才识与品行双馨的优秀科学家,是"两弹一星"精神的杰出倡导者、培育者和实践者。钱三强称他是"有本事的人",王淦昌赞扬他"真了不起";彭桓武说他"细致安排争好省,全盘计划善沟通,周旋内外现玲珑";程开甲认为他"深思熟虑,把握航道";就连他的上级领导刘杰、李觉都盛赞他是一位"杰出的科技帅才"。而他自己却对自己要求非常严格,从不张扬表功。凡是接触过他的人,无不有这样的感触,对自己的成就和贡献,他只字不提,这种谦虚精神展示了老科学家虚怀若谷的博大胸襟。

其实我捐得不多

　　2011年年初，一个名叫刘丽的女孩入选了"2010年感动中国人物"，人们都亲切地称她为"中国最美的洗脚妹"。刘丽以10年来一直靠打工资助几百名贫困学生上学的实际行动感动了很多人，然而这个谦虚的女孩却一再坚持地称："其实我捐得不多。"

　　刘丽出生于安徽省颍上县一个贫困的农村家庭，身为家里的长女，刘丽打小就懂事地谦让弟弟和妹妹。有一天，刘丽无意间听到了爸爸妈妈在为几个孩子读书的费用问题苦恼，妈妈说："如果让小丽继续读书，那后面的孩子就没钱培养了。"爸爸叹息："家里就这个情况，有什么法子呢，只能培养一个算一个吧。"对刚刚懂事的刘丽来说，尽管有些不情愿，可是，刘丽还是含着泪水对爸爸妈妈说："爸、妈，我不读书了，把机会留给弟弟妹妹吧，我出去赚钱，供弟弟妹妹读书！"

　　就这样，仅念了5年书便辍学的小刘丽只身来到了厦门，经老乡介绍，在一家足浴城里当起了洗脚妹，一干就是十多年。其他的同事领了工资都会给自己买些漂亮衣服，换个新款的手机，而刘丽一领到工资就赶紧往邮局跑，她要把钱赶紧寄给弟弟妹妹，供他们上学。

　　岁月静好。刘丽的弟弟妹妹在她的资助下慢慢长大成人，家里的经济情况也渐渐变好。但是，刘丽资助上不起学的孩子重返校园的爱心不但没有停止，反而进一步扩大了。"我心里产生了一个想

法：要帮助更多的贫困学生重返校园。我不想别的穷孩子像我一样留下遗憾。"虽然自己没能上学，但刘丽通过资助其他上不起学的孩子来圆自己的上学梦。

于是，从2002年起，刘丽就开始圆自己的梦。起初，她只是联系一些自己老家村子里的贫困家庭，一个一个的资助，资助形式也从一次性捐助变为固定性的资助。从2006年起，刘丽开始参加厦门市的"春蕾计划"，成为来厦务工人员中第一个捐助者，那时，她独自资助的孩子就有8个。刘丽回忆道："有一次，当我把学费送到一个贫困学生家里的时候，孩子的奶奶拉着我的手泣不成声，尽管她嘴里的方言我一句也听不懂，但是，她的眼神我能懂。我深刻地意识到，需要帮助的孩子太多，自己的收入太有限，于是，我便开始动员社会上更多的爱心人士捐资助学。"

由于刘丽把业余休息的时间都用在了学习技能上，她常常一个人躲在宿舍里记穴位、练手位，渐渐地，她就以娴熟的手法，赢得了大批"回头客"，接触的顾客多了，意味着机会就多了。于是，刘丽一边为顾客捏脚，一边把失学孩子的情况告诉顾客，一些好心的顾客就会慷慨解囊，资助贫困生的能力也就不断扩大了。

2007年，刘丽经推荐参加厦门市"十佳外来女工"的评选，而对刘丽而言，"成名"最大的好处就是会有越来越多的人信任她，有越来越多的人愿意跟她一起助学。目前，刘丽已经建立了十几个"爱心公益QQ群"。2010年，刘丽还在厦门市儿童少年基金会设立了"原乡人刘丽助学基金"。每逢"六一"国际儿童节，她都会带上学习和生活用品，到偏远的山村看望她资助的那些孩子们。

　　刘丽最常挂在嘴边的话有两句。一句是："看到需要帮助的人得到帮助，这就是我的快乐。"另一句就是："其实我捐得不多，我只是帮大家进行信息中转，出钱出力比我多的人是那些网友，真正应该站在中央电视台领奖台上的是他们。"

　　刘丽用最真诚朴素的言语和温馨的行动诠释着她对祖国下一代的殷殷期盼。她的善良和谦虚，值得我们每一个人学习。

敢于站在巨人旁边的王雪红

2011 年,在福布斯杂志所公布的"全球最具影响力的女性"名单中,王雪红排名第 20 位。是的,这位弱不禁风的小女子王雪红,时任台湾威盛公司董事长,是台湾女首富。相信许多人都想知道她成功的秘诀,每当有人问起她,她总是淡淡地说:"我之所以能够成功,完全是因为我敢于站在巨人的旁边。"

与大多数女孩子的梦想一样,王雪红从小的梦想是当一名音乐家,所以她打小就勤奋刻苦地练习钢琴,把别的小朋友玩耍的时间都花在练琴上,终于,她弹得一手的好钢琴。然而随着年龄的增长,王雪红发现自己似乎并不是搞音乐的料。尤其是在上了大学以后,她逐渐发现自己对经济产生了浓厚的兴趣,仿佛自己就是为经济学而生的,于是,她改学经济学。凭着自己的一股子韧劲儿,她把别的同学打工挣钱、谈恋爱的时间花在了图书馆和浩瀚的经济学著作中,终于,王雪红顺利地获得了经济学硕士学位。

硕士毕业后,王雪红先到自己姐夫的电脑公司去上班,主要负责的是外销业务。

一心想要在商场上干一番的她却出师不利,做第一笔生意时,就被别人骗走了 70 万美元。倔强的王雪红不但没有被失败打垮,反而更加坚定在商海前行的决心。

痛定思痛,王雪红决定离开姐夫的公司,在经过多方努力筹集资金之后,她收购了一家濒临倒闭的公司。她收购的这家公司是做芯片的,正当她准备扩展市场的时候,英特尔公司来了。

对王雪红这条初入商海的小金鱼来说,英特尔公司无疑是一条大鲨鱼。当时,英特尔公司的市值是她的公司的七十多倍。很多热心人都劝王雪红转行,因为大鱼吃小鱼是商海的规则。

让所有人出乎预料的是,王雪红不但没有盲从,反而投入更多的资金去扩大公司规模,提高产品质量。她公司的营销原则是:只要英特尔公司的广告能打到的地方,她的公司的广告也势必要打到。

不仅如此,王雪红还竖起民族工业的大旗,要让"国人用中国芯"的广告深入到每个消费者的心中。为了提高芯片的质量,她不惜投入更大数量的资金,尽管这些资金与英特尔的投资数量相比少得可怜。

终于,由于在形象上、质量上敢于以英特尔为目标穷追猛赶,王雪红公司的产品,在消费者心中的分量越来越重。因为,"只要英特尔公司的广告能打到的地方,她的公司的广告也势必要打到"的做法早已让人们太过习惯将英特尔的产品与她公司的产品联系在一起考虑,这也就意味着她公司的产品已经是家喻户晓了。同时,还意味着她的公司也成为仅次于英特尔公司的全球第二大芯片公司。她也跃身成为台湾威盛公司董事长,台湾女首富。

当有人问起王雪红成功的原因时,她总是淡淡地说这么一句话:"因为我敢于站在巨人的旁边。"她这是把自己的成功归结为英特尔这个巨人,而把自己定位为一个站在巨人身边的小矮人。正是

因为以巨人为标杆,向巨人学习,她才最终成长为新的巨人。成功之后的王雪红总是能够看到自己的渺小之处，总是不肯承认自己的高大,正是这种谦虚的品质,促使王雪红奋发图强,不断变得更强更大。

只是做了个有出息的工人

包起帆，一个平凡得不能再平凡的名字，却书写出了不平凡的人生。他是 1994 年中华全国总工会评选的"中国十大杰出职工"，1989 年和 1995 年国务院两次授予的"全国劳动模范"，是被英国剑桥国际传记中心列入《国际知识分子名人录》的名人。

包起帆，一位装卸工，在平凡的装卸岗位上，刻苦钻研二十多年，为国家作出了重大贡献。不仅如此，包起帆还把二十多年来国家发给他的所有津贴、奖金大部分捐献给了困难职工。

面对成就与称誉，包起帆一再强调："我其实只是做了一个有出息的工人。"

早在十几岁的时候，迫于生计，包起帆便不得不背井离乡，只身一人来到上海港，当起了装卸工。白天，包起帆用稚嫩的肩膀扛起上百斤重量的货物，肩膀常常被磨得都是血泡，可是，他从不怨天尤人，而是暗暗下决心，一定要实现用抓斗装卸木材，减轻人工劳动的梦想。于是，不管白天的体力劳动强度多大，他总是不放弃利用晚上休息的时间如饥似渴地自学物理、数学等基础知识，刻苦钻研业务。经过无数次力学理论的演算，经历无数个夜以继日的努力，尝遍失败与艰辛，包起帆和他的同事们终于发明了"木材抓斗"，他也因此项发明多次获得了"劳动模范"称号。人们都不敢相信这项填补了国际港口装卸工具空白的发明者竟然只是上海港南浦港务公司工艺科一名普通的再不能普通的"以工代干"的

技革员。

面对成就，欣喜之余的包起帆并没有止步，而是更加坚定要将自己的创新科研之路延续下去。就这样，靠着踏实的工作和一步一个脚印的努力，包起帆从一名"以工代干"的技革员走上了龙吴港务公司经理的岗位，成了这家国有企业的"当家人"。

当时的龙吴港务公司在黄浦江的上游，船从吴淞口起航，一路沿着黄浦江开到龙吴，大概要花上六个多小时的时间。包起帆初到龙吴港时，这个码头的年吞吐量还仅有二百三十多万吨，仅为设计能力的一半。包起帆没有被困难吓倒，而是果断地提出了发展中国国内贸易集装箱运输的新思路。最终，苍天不负有心人，中国第一条国内贸易标准集装箱航线在龙吴港开通了。接下来，中国掀起了国内贸易集装箱运输的热潮，四年多的时间，我国就形成了南到湛江、海口，北到锦州、大连，西到重庆，贯通四十多个港口的国内贸易标准集装箱运输网。龙吴港的年吞吐量也一下子提高到894.5万吨，利润突破900万元。

值得人们学习的是，功成名就的包起帆从来没有因为自己的成就而忘乎所以，而是坚持捐款二十多年，少到几元、多到几千元，他总是尽己所能地帮助困难职工。

面对鲜花和掌声，包起帆总是淡淡地说："我是从装卸工开始发愤努力的，当时，一心只想做个有出息的工人。现在，我有了很多'头衔'。如果说我真的成功了，我不过只是做了一个有出息的工人。"

谦虚谨慎的内地首富

提起宗庆后,想必大家并不陌生,他是中国内地的首富。大家陌生的,也许是他成功背后的故事。

这位内地首富并不像许多人想象的那样是富二代,或者从年轻时白手起家。他资质平平,起步也很晚,42 岁的时候,才开始了他的创业生涯,而当时的创业基金只有贷款而来的 14 万元。

谁能想到这位后来拥有财富 800 亿元的"2012 年中国内地首富",起初是靠蹬三轮车代销汽水、冰棍起家的。然而难能可贵的是,"首富"的头衔并没有让宗庆后傲慢起来,25 年以来,他始终谦虚谨慎地经营和坚守着自己的事业。

1987 年夏天的一个闷热的下午,杭州的小巷子里人影稀疏。宗庆后骑着自行车去接手一家连年亏损的校办工厂,靠的是贷款而来的 14 万元。与许多企业家的创业初期一样,当时的条件十分艰苦,宗庆后想方设法贷来的 14 万元为了置办工厂已用去一大半。为了节省资金,宗庆后自己当起了粉刷匠,简单地粉刷了一下墙壁,自己到二手市场上淘来几张办公桌椅,新工厂就这样开业了。

但是,代销冰棍、汽水以及作业本、稿纸等为学生服务的产品,终究不过是蝇头小利的生意。在当时,一根冰棍 4 分钱,卖一根冰棍顶多赚几厘钱。然而靠着薄利多销,宗庆后的业务范围越做越广,逐渐开始代生产产品。代生产虽然比代销更辛苦,但让宗庆后没想到的是,风里来雨里去忙活了大半年,居然有了十几万元的进

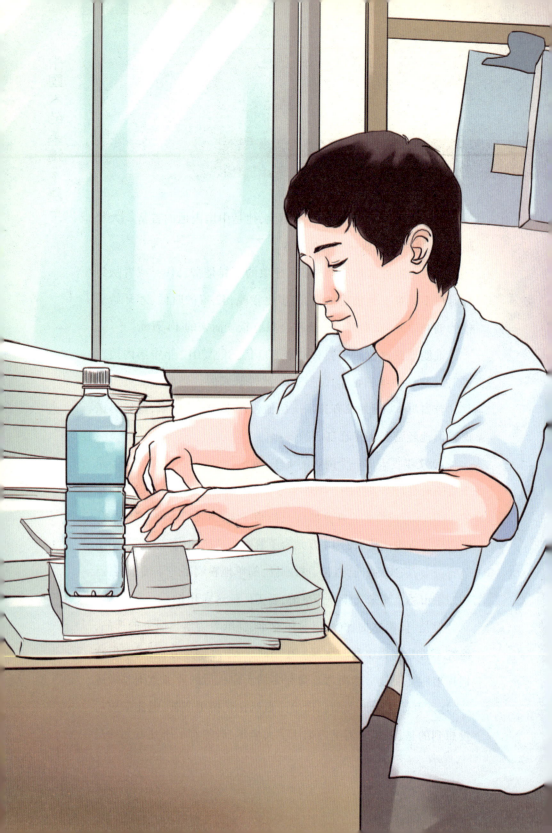

账。钱是赚了些,但是,宗庆后认为,如果企业没有自己的产品,终究不是长远之计。于是,宗庆后对国内市场进行详细的调研,了解到当时国内食品市场的产品种类相对较少,就在1989年,带领厂子里的一百来个员工,开始开发投产娃哈哈儿童营养液,不久,又成立了杭州娃哈哈营养食品厂。到了1991年,宗庆后又兼并拥有两千多名职工的国营老厂:杭州罐头食品厂,成立了娃哈哈食品集团公司。是年,宗庆后企业的产值已达2.17亿元。1994年起,娃哈哈先后在全国29个省、市、自治区建立一百六十多家分公司。1996年,娃哈哈纯净水诞生。

时光如梭,到了娃哈哈成立25年的时候,其产品已包括乳饮料、瓶装水、童装等十大类一百五十多个种类。用宗庆后的话来说:"这25年,娃哈哈经历了数不清的坎坷,走过了数不清的弯路。"但是,谦虚谨慎的实干作风他始终不敢丢,他常说:"认真做好一件事,这是最简单,也是最难的。25年来,我们的信念从未动摇,快速积累财富的虚拟经济我们视而不见,一心一意做产品、搞实业,一心一意为中国老百姓提供最实惠的必需品是我们不变的追求。"

正因如此,宗庆后总是穿着一件普通的夹克衫、一双略显破旧的布鞋,但他认为这样很好:"几十元的衣服穿在身上,人家都会以为是几千元的,我干吗花那个钱?"宗庆后经常这样调侃自己。穿衣服随便的宗庆后,吃饭更是简单,如果不是出差,宗庆后最喜欢在公司食堂里与职工一起吃饭,从不搞特殊化。他从未辞退过一个员工,一年中甚至有一半时间和员工奋战在第一线。

无臂钢琴师刘伟：我只是做好自己

　　你也许不会忘记，在《中国达人秀》的表演现场，空着袖管的刘伟镇定地走上表演台，淡然地坐到钢琴前，用脚熟练地奏响了那首《梦中的婚礼》，曲子结束，所有观众无不为之动容，不约而同地响起热烈的掌声。当评委高晓松问起刘伟是怎么做到用脚来弹钢琴的时候，刘伟只说了一句话："我觉得我的人生中只有两条路，要么赶紧死，要么精彩地活着。"

　　10 岁前的刘伟和许多小朋友一样，有着快乐的童年。然而命运却跟刘伟开了一个不大不小的玩笑。

　　1997 年的一天，由于触电，年仅 10 岁的小刘伟意外地失去了双臂。事情是这样的：在刘伟家附近有一个较为简陋的配电室，墙是用土坯堆砌而成的，很矮，矮到 10 岁的小刘伟一翻就能进得去，更可怕的是，墙里面的电线是常年裸露在外的。当时，正和小朋友玩捉迷藏的刘伟在往墙上爬的时候，一不小心便触到了高压线……当小刘伟醒来的时候，他已经彻底失去了双臂。

　　然而，失去双臂的小刘伟没有放弃，没有绝望，他开始重新做回自己。

　　一次，在医院做康复治疗的时候，刘伟遇到了他生命当中的一位贵人，那是一位同样失去双手的病人，他叫刘京生，时任北京市残联副主席。没有双手，他却能自己吃饭、刷牙、写字，而且事业也小有成就，他语重心长地告诉小刘伟："如果你一出生就有两个脑袋,别人都觉得很奇怪,怎么有两个脑袋呢?无所适从。但是,当你遇到一个同样有两个脑袋的人,而且你发现他过得很好,那你肯定会想,他过得好,我也可以。"就是在刘京生的鼓励下,半年以后,小刘伟就已经能够自己用脚刷牙、吃饭、写字了。不到两年,小刘伟便重新回到自己原来所在的班级,并在期末考试中取得了全班前三名的好成绩。后来,刘伟回忆道:"从那个时候起,我学习格外努力。任何事情只要我想学,就能学得快,做得好。"

如果说刘京生教会了刘伟坚强与自立,那么2002年的世界杯便重新点燃了刘伟从小对运动的激情。那一年,世界杯正在如火如荼地进行着,刘伟生平第一次看到了世界杯的全球直播。

其实,出生在1987年的刘伟早在上小学三年级的时候,也就是他10岁的那年,就已经是绿茵俱乐部二线队的队长了,在出事故之前,司职中场的小刘伟一直梦想成为一名职业球员。看世界杯的那段日子,刘伟更加坚定了信心。后来,出了事故,尽管自己的足球梦破灭了,但是,渐渐走出阴霾的小刘伟又决定开始学习游泳,并且还加入了北京残疾人游泳队。世上无难事,只怕有心人。终于,两年后,他在全国残疾人游泳锦标赛上获得了两金一银的好成绩。2002年,北京获得举办奥运会的资格,刘伟对母亲许下承诺:在2008年的残奥会上拿回一枚金牌。

然而,命运对刘伟又开了一次玩笑。就在他为残奥会努力做准备的时候,高强度的体能消耗导致他免疫力下降,患上了过敏性紫癜。医生万般无奈,只得向刘伟的母亲说出了这样的事实:高压电对刘伟的身体细胞造成了严重伤害,不排除以后患上红斑狼

疮、白血病等恶性疾病的可能，为了保住生命，刘伟的唯一选择就是放弃训练。

时光荏苒，转眼间，19岁的刘伟就要参加高考了。在放弃了足球，放弃了游泳之后，他心中的梦想一直就是音乐。刘伟最终没有选择参加高考，而是获得了家人借钱给他买来的钢琴。在确定了音乐道路后，当务之急就是要有学习音乐的地方。几经转折，刘伟找到了一家私立音乐学院，然而校长却残酷地告诉他："你进我们学校学习音乐只能是影响我们学校的校容。"

这些话语不但没有让小刘伟沮丧，反而坚定了他学习音乐的信念，他开始用脚练琴。要知道多少正常人用手练琴，很多年都无果，可以想象，用脚练琴需要付出多少努力。为了收获的喜悦，刘伟每天坚持练琴7小时以上。他回忆说："我是三点一线的生活：练琴、学音乐、回家。我家在五道口，练琴的地方在沙河，学音乐的地方在四中，那时真是精神和体力的双重考验。"就在脚趾一次次被琴键磨破之后，刘伟逐渐摸索出用脚趾与琴键和谐相处的办法。刘伟说："没有手，用脚一样能弹钢琴。"是的，他做到了，而且悟性惊人。

2008年，只学了一年钢琴的刘伟在北京电视台《唱响奥运》的节目中，为刘德华弹了一曲《梦中的婚礼》，接着，又弹着钢琴，与刘德华合唱《天意》。娱乐天王刘德华激动地与他拥抱，并和他约定合作一首歌曲，接下来，刘德华的新专辑里就多了一首《美丽的回忆》，歌里有句歌词是这样的："我站在这里送给你/送你我最美丽的回忆/送你我的努力/你的鼓励永远都清晰/我站在这里拥抱你/

抱你我最真实的身体/抱你我的约定/你的美丽永远都很清晰。"这首歌的歌词是刘伟填写的。

在永不放弃自己的同时,刘伟还积极融入社会群体,积极参加各种各样的社会活动。除了参加北京唱响奥运节目外,2009 年 12 月 3 日,刘伟参加在广州举行的全国双上肢障碍者书画及才能展示活动;2010 年 5 月,刘伟参加湖南卫视的《快乐男声》济南唱区预选赛;2010 年 7 月,刘伟参加东方卫视的《中国达人秀》;2010 年 9 月,刘伟参加《开学第一课》的节目录制。

参加《中国达人秀》后,刘伟的人气暴涨,人们都记住了那位空着袖管坐到钢琴前弹奏《梦中的婚礼》的无臂钢琴师。当自己被命运放到耀眼的舞台上的时候,刘伟只是谦虚地说:"我一直为自己的梦想努力,现在演奏方面算是一般吧,创作上正在学习,制作方面也学了一点儿。人不能把自己说得太好,光环越大,里面的空心越大。我要的只是做好自己。"